붉은 수염의 침대에서 자다

김영진 시인은 인천에서 태어나 2017년 ≪리토피아≫로 등단했다. 시집으로『달 보드레 나르샤』,『옳지, 봄』,『항아리 속의 불씨』가 있다. 아라작품상, 리토피아문학상을 수상했으며, 막비시동인으로 활동하고 있다.

e메일 : y825jabcde@daum.net

리토피아포에지 · 127
붉은 수염의 침대에서 자다

인쇄 2022 1. 5 발행 2022 1. 10
지은이 김영진 펴낸이 정기옥
펴낸곳 리토피아
출판등록 2006. 6. 15. 제2006-12호
주소 21315 인천시 부평구 평천로255번길 13, 903호
전화 032-883-5356 전송032-891-5356
홈페이지 www.litopia21.com 전자우편 litopia@hanmail.net

ISBN-978-89-6412-159-7 03810

값 10,000원

김영진 시집

붉은 수염의 침대에서 자다

리토피아
LITERATURE & UTOPIA

시인의 말

내 안에 어떤 별이 살고 있는지
궁금해서 나를 들여다 본다.

별 찾아 영혼을 해부하던 날
고요 속에 숨어있다는 걸 알았다.

별처럼 살다 가고 싶은 욕망은
원초적 힘에서 나왔다.

별처럼 살고 싶은 일,
외로운 작업에 감사한다.

2022년 1월
김영진

차례

제1부

제2부

제3부

제4부

| 제1부 |

붉은 수염의 침대에서 자다·1
—그림자 속 그림자

옳지, 봄으로 일어선 나뭇잎들 도리도리 짝짜꿍하고 있다. 어느새 그림자 속 그림자가 벗어나려고 발버둥 치고 있다. 붉고 노란 우표가 붙은 늦가을을 환승역이 마중 나온다.

늦저녁 망막의 터널로 들어가는 자전거 그림자가 보인다. 태양이 모든 그림자를 지우고 꼭꼭 숨어버리니 밤이고, 밤은 그림자 속 그림자의 제목을 삼킨 우주의 그림자다.

붉은 수염의 침대에서 자다·2
—나는 통곡한다

새들의 섬 을왕리 선녀바위 백사장에서 내 눈동자를 찾는다. 푸른 바다의 부록처럼 서 있는 선녀바위에서 내 코를 찾는다. 섬돌 천사의 날개를 잃은 선녀바위 치마에서 내 귀를 찾는다. 하얀 파도로 끓여낸 바지락 칼국수에서 내 입술을 잃어버린다. 눈동자 속으로 뛰어내린 별의 무덤에서 내 왼발을 잃어버린다. 바다가 끓인 낙조의 선녀바위 치마에서 내 심장을 잃어버린다. 물고기 같은 비행기와 선녀바위 사이에서 찾고 잃어버린 것들, 파도가 노래하는 것을 듣고 자라난 메꽃 앞에서 나는 통곡한다.

붉은 수염의 침대에서 자다·3
—두물머리

내 몸속에 어린아이가 갖고 노는 오리 오뚝이가 있었다. 내 몸속에 오리 오뚝이가 산다는 것을 어떻게 알았는지, 두물머리에서 오리들이 나를 보자 먹이 달라고 보챈다.

누구나 가슴에 소중한 오뚝이 한 마리씩은 가지고 있다. 어머니의 오뚝이는 자궁에서 나온 아들과 딸자식이었고, 아버지의 오뚝이는 손톱에 박힌 흙을 핥는 논밭이었다.

이젠 내 가슴에 오리 오뚝이 사라지니 시가 똬리를 튼다. 두물머리에 옛날 주막 짓고 봉놋방에 뜨끈하게 불 넣어, 첫날밤 창호지 뚫고 두물머리 신방 살짝 훔쳐봐야겠다.

붉은 수염의 침대에서 자다·4

—북한산 단풍

태초의 으르렁 소리를 내며 태어난 북한산 단풍 구경하는 사람들이 탄성을 질러 좋았어라. 원래 산은 분화구가 열릴 때마다 고양이의 하악질 보다 더 무서운 사자 후를 토했으리라. 단풍객이 북한산에 올라 탄성을 지르는 것은 먼 원시인들의 목소리로부터 물려받았으리라.

만물의 근원은 파동이므로 지금 북한산 올라가는 길이 떨고 있는 것도 당연하였으리라. 자신의 존재마저 버거운 듯 '북한산이 땀을 흘리고 있다'라고 일기장에 적어 놓으리라. 북한산 단풍잎보다 많이 모인 사람들의 단풍 힐링은 속세의 죄를 뉘우치듯 경건하였어라.

붉은 수염의 침대에서 자다·5
—쓸모없는 꿈

쥐가 제야의 종소리를 듣고 엉덩이를 발로 차니 졸던 흰 소가 벌떡 일어나 되새김질한다. 이것저것 티브이도 보고 신문도 보고 책도 보고 시도 읽다가 잠이 들었는데 꿈을 꾼다. 창문 밖을 내다보니 소나무는 나에게 고독을 즐기는 법을 스스로 받아들이라 한다.

힘들었던 기억 버리고 싶은 일들 그립고 아쉬운 추억에 고독의 매미가 달라붙어 있다. 내 머릿속에 삶이 남겨준 저 쓸모없는 쓰레기에서 쓸모를 찾으라고 소나무가 일러준다. 그 밤 흰 소가 등에 나를 태우고 어머니 산소에 갔는데 아무리 불러도 인기척이 없으셨다.

붉은 수염의 침대에서 자다·6

—바다는 거울이다

1.

바다는 해와 달과 별의 거울이다.

2.

해의 눈은 죽을 때까지 동화 속 기적을 믿어 주행성이다. 저 해는 외로운 늑대처럼 아침에 일어나 바다의 거울을 들여다보고 하루의 일을 시작한다. 제 얼굴 보면서 정오에 열정의 열기를 토해내고 오후가 되면 해도 피곤해 서편 바다의 붉은 거울 침대에 제 몸을 눕힌다.

3.

달과 별의 눈은 밤에만 시집을 펼치는 야행성이다. 저 달과 별은 밤이 되면 일어나는 습성은 밤에 사냥하는 사자의 발톱에 기억과 추억을 숨겼기 때문이다. 밤바다에 비치는 달과 별이 내뿜는 발광체를 보고 취해 밤바다와 거울 놀이를 한다. 아침이면 하얀 얼굴의 흰머리로 숨바꼭질한다.

4.

부러지는 비가 오던 여름날이었다. 해는 구름에 가려 바다의 거울을 볼 수 없었다. 붉은 독수리가 양쪽에서 검은 장막을 거두기 위해 애를 썼으나 피로가 몰려왔다. 그때 여름비가 물러가고 바다의 거울 속으로 달과 별이 나타나 야행성 동물들이 밥상을 차리기 시작해 밤바다의 거울은 된장국이 끓듯 한다.

5.

바다의 거울을 들여다보면 낮과 밤의 얼굴이 달랐다. 낮에 얼굴은 사랑하기 전 숫 사자의 얼굴이었고 밤에 얼굴은 사랑하고 난 후 암사자의 얼굴이었다. 바다의 거울은 사랑의 얼굴만 보인다. 지금 당신도 바다의 거울에 비춰 보면 사랑하기 전인지 후인지 알 수 있다.

붉은 수염의 침대에서 자다·7

—도봉산 취하다

십일월 도봉산이 붉게 취했는데 단풍 막걸리 냄새가 나네, 산은 사계를 지킨 보상으로 단풍 막걸리를 받아 마시네, 우리도 함께 단풍 막걸리 한 잔 마시니 도봉산이 껴안네,

여보게 취하세그려 취하면 단풍처럼 아름답지 않겠나, 꽃보다 달보다 별보다도 아름다우니 여기가 천국이네, 세상에 술 못 하는 이도 있네만 술 마시는 자네가 좋네,

붉은 수염의 침대에서 자다·8

—인수봉이 울다

파란 하늘과 높이 솟은 바위 봉우리 세월의 풍상이 뱄다. 늙은 소나무의 얼굴 스치는 청량한 바람과 다정스럽게, 새들의 지저귐이 장광설로 팔만 사천 법문처럼 들린다.

암벽의 골과 면마다 볼트와 하켄을 박아 인수봉 오른다. 이제는 만신창이 섬세한 아름다움에서 원형을 잃어버려, 자연의 비옥한 시간 갖고 싶다고 인수봉은 오늘도 운다.

붉은 수염의 침대에서 자다·9

—산은 낙엽의 추억을 먹고 산다

하늘이 마술피리를 부니 새들이 날고 구름이 몰려온다. 가을비 끝나고 바람 부니 천지에 낙엽 밥상이 근사하다. 김치와 나물 멸치볶음과 어리굴젓 구운 조기처럼 보인다.

벌통으로 수없이 드나들던 날들이 필름처럼 돌아간다. 구름 아래, 바람 아래, 발아래, 집들이 꿀 벌통처럼 보인다. 사람들은 어디서인지 호주머니에 꿀을 담아 들어간다.

붉은 수염의 침대에서 자다·10

—조개는 달다

단골 소줏집 주인은 사십 대 초반의 달처럼 둥그런 여자다.
이혼녀인 그녀는 술이 달아 술집 차리려고 가게를 찾았다.
시설비 권리금 던지고 나간 오래 문 닫힌 술집을 만났다.

임대료 깎고 시설은 사용하고 몸만 들어가 포차 집을 연다.
오늘도 술 참지 말자 포차 집에 갔는데 안주가 싸고 좋다.
조개구이가 얼마나 단지 단것도 때가 있다는 것을 알았다.

붉은 수염의 침대에서 자다·11

—이름 모를 풀꽃의 세상 이야기

나는 네가 나를 자세히 바라보고 꽃이란 가문의 서자 취급해주는 걸 당연하게 믿었다. 네가 나를 밟고 지나갈 때 내 기분이 좋지 않고 슬픈 표정 본 적이 있을 리가 만무했다. 내가 투덜거려 너의 하루를 망쳐버리면 안 된다는 걸 안 것은 오랜 관습처럼 내려왔다.

어느 날 소가 내 옆에 똥을 한 무더기 싸놓고 지린내 나는 오줌도 싹 비우고 갔다. 잡초는 코를 막으며 미간을 찌푸릴 때도 나는 이상하게 소똥 냄새가 구수해 좋았다. 어디선가 풍풍 소리를 내며 소똥구리가 무리 지어 내려와 경단을 빚어 굴려 갔다.

세상의 친구를 만나려면 내가 먼저 손 내밀어 선물 보여주어야 한다는 걸 알았다.

붉은 수염의 침대에서 자다·12

—아침에 부르는 굿노래

내가 매일 아침 부르는 굿노래는 시 창작의 귀를 열기 위해 재촉하는 의식이다. 연극은 보는 것이 아니라 듣는 것이어서 사막여우처럼 내 귀도 자라고 있었다. 사막의 모래가 흐르면 딱정벌레나 전갈의 소리를 듣고 사냥하는 여우를 존경했다. 아마도 사막여우가 인간의 글을 터득했으면 훌륭한 시인이 됐을지도 모를 일이다.

십이월 중순에 피를 뿌려 뼈를 갈아내듯 시상은 창밖에 눈송이처럼 흩날리고 있다. 무엇인가 잡힐 듯 말 듯 삼삼하게 아른거리는 머릿속에 실타래를 풀어내기 위해, 인생의 진짜 목적은 무엇일까 의문 부호 찍고 멍하니 허공에 지은 집 문을 여니, 아침에 부르는 굿노래는 잘 놀기 위해 무대를 마련하라는 재촉의 의미라고 적혀 있다.

붉은 수염의 침대에서 자다·13

—투명시계

나는 오늘 일어난 이야기를 연결해 톱니바퀴로 째깍째깍 돌리고 싶은 밤이다. 투명시계 안에 있는 톱니바퀴가 할 이야기 많은 까마중 같은 밤을 끌고 왔다. 톱니바퀴 안에서 허둥거리다 우걱우걱 씹는 식탁에서 손목 투명시계를 풀었다.

언젠가 내가 밤중에 돌아왔는데 어머니는 보람있게 하루를 보냈냐고 물으셨다. 오늘은 유니세프 후원의 팔찌 찬 손목을 보여주려는데 어머니는 옆에 안 계셨고, 나는 투명시계 톱니바퀴를 붙잡고 백발의 주름 어머니를 목 놓아 부른다.

붉은 수염의 침대에서 자다·14

—울적한 새는 없다

오늘따라 울적해서 성취감을 느끼려고 뒷산으로 울적한 새를 보러 갔다. 올라가다 휘파람새가 보였는데 우듬지에서 재미나게 휘파람 불고 있었다. 산 아래 계곡에서 종다리는 배를 땅에 붙이고 모래 목욕을 하고 있었다. 아름드리 참나무에서 꾀꼬리가 맑은 울음소리로 암컷을 유혹하고 있었다.

분주히 다니는 이름 모를 새들도 바라보았는데 울적한 새는 없어 보였다. 울적한 새 없는 것은 다른 새에게 잘 보이려 애쓰지 않는다는 걸 알았다. 저녁 붉어질 무렵 산에서 내려와 밥을 안치고, 빵을 굽고, 방 청소하는데, 나도 몰래 산에서 따라온 쑥새가 내 울적 물고 창문을 빠져나가는 것이다.

붉은 수염의 침대에서 자다 · 15

—세미원

소나무 언덕에서 내려다본 붉은 연꽃은 부처님의 방석이다. 다리 건너편으로 부처님의 눈썹에 청아한 하얀 연꽃 피었다. 지상이 무서워 물을 선택한 연꽃들을 두물머리는 알고 있다.

진흙 속에 발 딛고 피는 연꽃은 부처에 다가가는 수행이다. 죄 많은 중생을 미소 짓게 한 연꽃차를 마시며 마음을 씻고, 눈 한 번 감았다 떴는데 내가 부처님 손바닥에 앉아 있었다.

붉은 수염의 침대에서 자다·16

—소설小雪

하늘의 찬 공기 내린 소설이 홑바지를 솜바지로 갈아입혔다. 해가 바뀌면 뭔가 해야지 하는데 생각만 또 앞서 걸어간다. 할 줄 몰라 못 하는 게 아닌데 아차차 한눈팔자 겨울이다.

종일 하늘만 쳐다보면서 첫눈이 내리길 기다리는 소설이다. 하얀 눈을 받아 백설기 만들어 옆집과 나누어 먹고 싶었는데, 첫눈 내린다는 소설은 가던 길 거의 다 왔다는 말만 들린다.

붉은 수염의 침대에서 자다·17

—우주가 눈물을 쏟고 있다

고추와 냉이가 한 몸이 됐을 때 우주는 기뻐서 손뼉을 쳤을 것이다. 가을인 듯 겨울의 을왕리 해수욕장 말발굽 모양의 백사장을 걸어갔다. 노을빛 피하지방층 배경 사진을 찍기 위해 찰칵 소리를 집어삼켰다.

빛바랜 두개골이 허기가 질 때 횟집 간판이 눈동자에 펼쳐졌다. 호객꾼이 여기저기서 손짓하는데 보길도횟집으로 들어간다. 고추냉이에 찍어 먹자 콧속에서 천둥 치고 우주가 눈물 쏟는다.

붉은 수염의 침대에서 자다·18
—을왕리

평일에 을왕리해수욕장으로 들어가는 겨울 초입이다. 종잇장처럼 얇아져 저물어 가는 낙조에 면회 간다. 인천대교에 들어서면 청춘이고 아치에 이르면 중년이고, 물고기가 쏘아 올린 반달이 다리 능선에 걸리면 노년이다. 물비늘 바람에 살랑거리는 영종도가 버선발로 마중한다.

밤이면 인천대교 구경하던 별들이 떨어진 바다의 별 밭이다. 새들이 붐비는 솔밭이 병풍처럼 발아래 을왕리를 보듬는다. 빛바랜 흰 머리카락 새치들이 해풍에 나부낄 때마다 낙조를, 갈매기 입에 물고 날아와 두둥실 내려놓고 서쪽으로 날아간다. 낙조를 보며 하루도 청춘과 중년과 노년이 있다는 걸 깨닫는다.

붉은 수염의 침대에서 자다·19
—왕관

왕관을 머리에 씌우려 하니 사람들은 무섭다 손사래 치네, 옛날에는 서로 쓰려 했었네만 거들떠보지 않아 무섭네, 눈에 보이지도 않는 왕관 싹 없어지길 간절히 기도하네, 지나갈 테니 걱정말라 하시네 온화한 음성이 들리네,

붉은 수염의 침대에서 자다·20

—꽃나무의 기억

동물들이 싸워 붉은 피를 흘릴 때 식물들은 가엾다고 혀를 끌끌 찬다. 동물의 피는 본래 무지개색이나 붉은색이 너무 강해 그것만 보인다. 은혜로운 조물주께서 은혜의 동화현상을 식물에게 만 선물하셨다.

꽃의 색깔이 제각각인 것은 꽃나무들의 입맛이 다르기 때문이다. 꽃나무들은 마디마다 피를 뿜어내어 사랑의 흔적으로 꽃을 피운다. 나무들의 꽃은 고양이의 하악질처럼 이빨을 드러내어 벌린 입이다.

붉은 수염의 침대에서 자다·21
—삶

친구 아들 결혼식 몇 번 연기하더니 이제야 식을 올린다. 사회적 거리 두기 때문인지 축하객이 그리 많지 않다. 신랑 신부 입장하여 무대에 나란히 서 주례사가 시작되자,

본래는 둘이다가 하나씩 탄생하였다는 생각이 밀려온다. 다시 어머니 자궁으로 회귀하는 신체 예술처럼 보였다. 삶은 둘이다가 혼자이다가 둘이다가 다시 혼자인 것이다.

붉은 수염의 침대에서 자다·22

—눈물

어쩌다 눈물로 생겨나서 태어날 때도 눈물 흘렸다. 세상 살아보니 어찌 감사할 일이 많은지 모르겠다. 마음먹은 데로 잘 안되어서 눈물 흘릴 때도 있었다.

감동이나 슬픔의 눈물이 없다면 얼마나 삭막했을까. 이제껏 눈물 흘렸지만 죽을 땐 눈물 흘리지 않겠다. 어머니께서 모든 건 눈물로 귀결된다고 타이르셨다.

붉은 수염의 침대에서 자다·23
—사랑하면 행복은 구구단처럼 늘어난다

새털구름이 우주의 부록을 찢어 허공에 그림 그리듯 모여든다. 행복도 구구단처럼 늘어났으면 하는 생각이 가슴에 불을 지핀다. 어머니는 구구단을 아무나 알려주지 않던 시절이 있었다 하셨다.

우리는 붉은 수염의 침대에서 웃다가 익어버린 달빛보다 가까웠다. 허방에서 허우적대기도 했으나 이해심이라는 예금이 쌓여갔다. 사랑의 행복은 영감이 만들어낸 구름이 구구단처럼 늘어나는 것이다.

붉은 수염의 침대에서 자다·24

—어둠 속에서 함박눈이 간절한 기도를 먹어 치우다

한바탕 단풍 열병이 지나간 뒤 동백나무 꽃봉오리가 검붉게 잡혔습니다. 허공에 걸린 기타 줄에 새 두 마리 있는데 한 마리가 옆으로 다가갑니다. 노래를 불러주니 당신은 안심한 듯 붉은 수염의 침대를 찾고 있습니다.

당신은 먼 산 바라보며 깃털 고르다 땅 굽어보며 부리 다듬는 척합니다. 산과 산 사이에 낀 먼 동편 하늘이 오늘따라 유난히 붉은 피를 토해냅니다. 어둠 속 함박눈이 펑펑 날려 간절한 기도 먹어 치울 때 눈이 붉어집니다.

붉은 수염의 침대에서 자다·25

—꼴깍꼴깍

농산물도매시장에서 산 겨울딸기를 소금물에 씻어 먹는데 봄이 걸어온다. 봄이나 겨울이나 딸기 맛은 같은데 내년 봄을 먹고 있다니 식탁을 고발한다. 내가 시를 쓰다 겨울딸기를 먹고 있는데 화분이 나를 읽는 소리가 들린다.

저 화분은 붉은 수국인데 붉은색만 보면 목마르다는 눈길이 나를 따라다닌다. 붉은 티셔츠 입고 베란다 문 열었는데 시무룩하던 수국의 눈에서 생기가 돈다. 햇살의 따듯함이 묻어나 물을 주니 수국 화분은 엄마 젖 빨듯 꼴깍꼴깍 거린다.

| 제2부 |

붉은 수염의 침대에서 자다·26
—무엿

간은 튼튼하고 기관지는 약한 가문의 혈통에 주문이 되었다. 어머니는 김장 전에 서리 맞은 무를 텃밭에서 뽑아 오시곤 했다. 서리 맞은 무는 인삼과 동급이라며 생강 대추를 보태시었다. 감초 한 줌 넣고 참나무 숯불로 한참 끓여 졸이면 무엿이 됐다. 한 숟갈 뜨면 기침이 멈추던 추억이 달의 벽에서 걸어 나온다.

붉은 수염의 침대에서 자다·27

—왕산해수욕장

머리 위에 떠돌아다니던 괭이갈매기 소리가 이따금 낮달 한가운데로 박힌다. 만유인력을 벗어나려면 양력을 높이기 위해 갈매기 소리에 불을 질러야 한다. 어깨가 착 달라붙은 연인들은 자석이 같은 방향이라서 떨어질 줄을 모른다.

그녀의 그림자를 잘라 파도에 비벼 먹고 싶었으나 속내를 드러낼 수는 없었다. 발가락 사이로 삐져나온 모래 속에서 부서진 하얀 조개껍질이 반짝거린다. 철썩철썩 귀로 마시는 강장제가 그녀를 꽃으로 만들어주고 싶어 안달이다.

붉은 수염의 침대에서 자다 · 28
—이화 여인숙

역전 파출소 뒤쪽에 이화 여인숙이 있는데 내 젊은 날의 성지였다. 누런 벽지에 목단꽃은 다 떨어지고 이젠 늙은 청춘들만 자러 온다. 반세기 지나 이화 여인숙 지나가다 붉어진 얼굴로 내부를 더듬는다.

화려한 풍뎅이들은 다 어디로 갔는지 '장기방 있습니다' 팻말이 크다. 눈 내리던 그 밤에 그녀와 난리 부르스를 치던 생각이 떠오른다. 그녀의 배꽃 브라자가 아직도 전봇대 부러진 그림자에 걸려있다.

붉은 수염의 침대에서 자다·29
—연탄구이

삼겹살 굽는 비에 젖은 듯한 냄새는 수십 년 더 맡아도 좋겠다. 탄내가 좋았던 옛날 냄새의 기원을 연탄구이에서 찾은 탓이다. 연탄가스에 중독된 옆방 아가씨에게 김칫국물 퍼먹인 적이 있었다.

아버지 친구분이 오시면 노랑 주전자에 막걸리 받으러 나가곤 했다. 어머니는 연탄불에 오징어를 구웠는데 발정 난 고양이도 불러들였다. 어제는 그녀의 미소로 삼겹살 소주를 마시고 오늘은 해장국을 먹는다.

붉은 수염의 침대에서 자다·30

—두렵다는 것

중력을 이겨내지 못하는 것들은 흔들바람처럼 누군가를 더듬으며 길을 간다. 등나무가 박달나무를 왼쪽으로 감으며 봄의 꼭지점에서 보라색 꽃을 피운다. 당신과 사소한 마찰이 생겼을 때도 가끔은 당신이 두렵게 느껴지곤 했다.

그리움 때문에 견디기 힘든 것일수록 아름다운 추억이 된다는 생각을 못했다. 어제가 삼라만상의 질곡으로 빠지는데 박달나무는 휘감겨 죽을까 걱정한다. 두려운 걸 알아챈 등나무가 알고 보면 별일 아니라고 수천 개의 손을 흔들어준다.

붉은 수염의 침대에서 자다·31

—전등사의 목백일홍

행복으로 가는 길에는 두 가지 원칙이 있다는 것을 목탁소리를 듣고 깨닫는다. 목탁 소리 가만히 듣다 보면 내가 좋아하고 잘할 수 있는 것을 찾아야 한다는 소리가 들린다. 그리고 거기에 온 힘을 다하라는 소리도 들린다.

내가 가진 에너지, 야망, 타고난 재주 하나도 남김없이 속세를 위해서 펼치라 한다. 목백일홍은 어린나무일 때부터 이미 안다. 봄이면 공양간처럼 땅에서 영양분을 물관으로 끌어올려 나무줄기 위로 올려보낸다.

오늘 하루의 땀을 누구보다 사랑하고 내일은 더 나아지리라는 주문을 외운다. 마침내 목백일홍이 붉은 꽃을 피워내니 목탁 소리도 익어간다. 전등사 여름 부처의 미소가 백일동안 아름다운 것은 때맞춰 피는 목백일홍 때문이다.

붉은 수염의 침대에서 자다·32
—삶의 속도에서

나는 토마토처럼 싹이 터 자라고 계절에 반응하며 열매를 맺었네. 토끼처럼 새끼 낳아 기르고 겨울에 식량을 비축했네. 머리가 허연 걸 보니 참 세월이 빠르네. 장미가 예쁜 줄, 하늬바람이 비단결인 줄, 햇볕이 약인 줄 모르고 앞만 보고 살았네. 오늘은 삶의 속도에서 '일시 중단' 버튼을 눌렀네. 친구와 더불어 공원 산책할 수 있었네. 입으로 밥 지을 수 없었네. 청양고추 듬뿍 넣고 끓인 차돌박이 된장찌개를 먹을 수 있었네. 빨간딱지 소주병이 벽장 속에서 걸어 나오네. 너 나 나나 사랑하고 사랑받도록 태어났네. 삶의 속도에서 사랑보다 큰 것은 없었네. 자연은 서두르지 않았는데 나만 서둘렀네. 어둑한 저편에서 늙은 여자가 내게 묻네. 몸에 맞지 않는 명령을 당신 신체에 내리신 적이 있었나요? 얼굴이 화끈거렸네.

붉은 수염의 침대에서 자다·33

—시간은행

오늘 저녁에는 김치찌개를 끓여 먹어야지 하며 냉장고를 열었을 때 돼지고기 진공 비닐 팩이 장수풍뎅이 등처럼 부풀어 올라 놀랬다. 나름대로 유통기한도 멀리 있어 안심하고 게으름을 피웠다. 나는 즉시 시간은행에게 미안하다고 사과했다. 애야, 생선과 고기와 손님은 사흘 지나면 상한 냄새가 나기 시작한다. 할아버지가 말씀하시며 하얀 수염을 쓰다듬던 생각이 난다. 젊을 때 누군가 얘기하면 흘려 버렸던 나쁜 생각이 머리에서 뿔처럼 튀어나온다. 이 세상은 생선도 고기도 손님도 상하지 않는 유토피아가 아니란 것을 깨닫는다. 나는 냉장고에 시간은행이 하나 더 있는 줄로 알고 바보처럼 살았다.

붉은 수염의 침대에서 자다·34

—십이월의 눈 내리는 저녁

십이월의 눈 내리는 저녁이 노동과 휴식을 서로 아름답게 지지해 준다. 갈 데가 있는데 깡충깡충 뛰는 강아지를 위해 생각의 각도를 비튼다. 털 달린 두꺼운 옷과 함께 근심도 개어두고 가벼운 옷으로 갈아입는다.

저녁 식사를 위해 두어 시간 동안 요리하는 사이 함박눈이 꽃처럼 내린다. 조물주는 십이월 저녁에도 장미를 볼 수 있도록 우리에게 기억을 주셨다. 십이월의 눈 내리는 저녁 내내 장미꽃 생각에 벌 나비들이 날아다닌다.

붉은 수염의 침대에서 자다·35
—버스 안에서 생긴 일

부평에서 동인천 가는 버스 타고 중학교 다니던 때이다. 만원 버스 탔는데 여고생이 내 책가방을 무릎에 받아줬다. 동인천에 도착할 무렵 그 누나 아이 차거워 하며 놀란다.

가방 속 잉크병이 쓰러져 서서히 누나 치마가 물들었다. 이걸 어쩌나 얼굴이 빨개진 내가 어쩔 줄 몰라 하는데, 그 누나 잉크 색깔이 치마 색깔이라 괜찮다고 나를 달랬다.

붉은 수염의 침대에서 자다·36
—하현달로 머리 빗다

별에게 보름달이 동화 속 기적을 믿는다면 나는 당신 거라는 말을 붉은 늑대가 들었다. 붉은 늑대는 낯설고 배고프고 다리도 아프고 발바닥에 물집이 생겨 쉬어가기로 했다. 검은 숲속에서 보름달 낚아 갉아먹고 반쪽은 밤하늘 냉장고에 넣었으니 하현달이다.

하현달에 계수나무 근골 사이로 외로운 늑대의 머리카락이 검은 혀를 내밀어 걸리면, 별들이 하현달에게 머리 빗어 깻잎 머리 만들어 달라고 봉순이네 미장원처럼 붐볐다. 붉은 늑대에게 살점 내주고 별들의 머리 빗다 죽은 하현달은 풍장으로 사라지곤 했다.

붉은 수염의 침대에서 자다·37

—직박구리 정원사

첫눈 오는 날 오후 산수유 열매가 제 몸 하나 어떻게 해야 할지 모르면서 영생을 바라듯 개 젖처럼 매달려 있다. 진정한 사랑처럼 두 그루 산수유 사이에 편안한 침묵 사이로 함박눈이 펑펑 내린다.

산수유가 말없이 바라만 보아도 좋은 듯 미소를 띠고 있을 때 직박구리 한 마리가 산수유 열매 따 먹으러 왔다. 어디 아픈 데 있느냐 물었다. 산수유에게 관심과 기억을 감추려 하는데 몸이 거부 반응을 일으킨다고 직박구리 귀에 속삭인다.

이내 산수유에게 날아가 그녀와 사랑을 잘하는 방법은 오로지 사랑하는 것이라 알려준다. 시간은 삶의 사랑이다. 그것은 당신 지갑에 있는 한 잎의 동전이며 그것을 어떻게 쓸지 당신만이 결정할 수 있다고 말한다. 직박구리가 관목 사이로 날아가며 허공에 산수유 빨간 똥을 찍, 싸는 것이다.

붉은 수염의 침대에서 자다·38
—수인선

소래포구 꽃게찜 먹으러 가기 위해 차창에 붉은 낙엽이 달라붙은 수인선에 올랐다. 월미도 갈매기도 꽃게찜이 눈앞에서 아른거리는지 어찌 알고 부리나케 따라오더니, 날갯죽지의 힘 빠졌는지 송도역쯤에서는 노동의 그림자가 흰 허공에서 사라진다.

산등성이마다 꼿꼿이 서 있는 낙엽송들의 줄기마다 기쁨과 슬픔이 자라고 있었다. 낙엽송 그림자마다 고단한 흔적 역력하지만 매일 매일 산에 오르듯 살기 원했다. 꽃게찜을 시켜서 쪽쪽 빨아 먹는데 소래 갈매기들이 물수제비 뜨듯이 날아오른다.

붉은 수염의 침대에서 자다·39

—물의 추억

어느 맑은 날 신께서 아름다운 자연에 조금씩 나누어준 물이 저마다 하늘로 올라간다. 물의 고향은 구름이었으니 하늘의 이불에 모이면 지상에서 신나게 놀다 온 이야기로 밀도가 촘촘했다.

보석 같은 물이 말하기를 사람들은 인생의 진짜 목적은 노는 거라며 보고 왔다고 자랑하더니, 나는 내 몸속에서 얼마간의 시간을 보냈는데 어떨 때는 내가 영적인 존재라며 놀란 적이 있다고 했다.

장독대 위에 나를 떠 놓고 보름날 밤에 비는데 내가 그 여인의 소원 들어주었다는 것이다. 그리고 보름달이 열 번 삭았다 부풀었다 한 후에 안방에서 아기 울음소리 났으니, 나도 내가 살던 그 집에 마지막 한 조각을 채워주고 왔다고 자랑했다.

그 소리 듣자 감격한 구름이 눈물을 흘려 하염없이 비가 내렸다. 그때 엄마의 젖을 빠는 아기 목구멍에서 물의 추억이 저장되는 소리가 하늘까지 꼴깍꼴깍 들렸다.

붉은 수염의 침대에서 자다·40
—딸꾹질 노래

가문의 성격이 습관적으로 자라 유년 시절 가족이 자주 약산으로 봄놀이 가곤 했다. 어느 봄인가 약산 중턱에 올라 돗자리 깔고 음식 펼쳐 먹으며 벚꽃 구경을 할 때다. 여동생이 김밥과 삶은 달걀을 먹고 칠성사이다를 마셨는데 딸꾹질이 나기 시작했다.

등 뚜드려주고 따끈한 물 마시게 하고 손 주물러 줬는데도 딸꾹질이 멈추질 않았다. 어머니가 우리들에게 노래를 시켰는데 노래 끝나보니 딸꾹질이 어느새 멈춰있었다. 딸꾹질이 나면 노래시키는 가문의 처방이 습관처럼 훨훨 벚꽃 문양으로 내려온다.

붉은 수염의 침대에서 자다·41

—평정심의 예금 통장

코에 마늘 끼운 듯한 바람 소리가 애교인 산으로 올라간다. 고사목 소나무가 몸이 아파 마음도 힘들어 숲속에 누웠다. 솔수염하늘소가 알을 까 진액 빨아먹어 말라붙었을 것이다.

자연의 손을 써서 상황을 견뎌보려고 뒤척인 흔적이 보인다. 스트레스에 시달려 죽은 소나무의 얼굴은 그래도 편안했다. 이끼 키우고 버섯 키워 평정심의 통장에 예금이 싸였다.

붉은 수염의 침대에서 자다·42

—호수의 욕망

호수는 산모퉁이 너머를 넘겨보려는 마음이 흔들릴 때 습관적으로 파문을 일으킨다. 산의 신호등이 곧 바뀌는 걸 알기 때문에 호수는 이사 가지 않고 기다리는 것이다. 겨울눈은 한창이지만 산 그림자를 내려보낼 때 호수가 즐거워하는 것을 산은 알았다.

저 산이 호수의 손을 잡고 산책할 때 사랑의 빨간 열매 온도가 욕망처럼 올라갔다. 밤에 잠들은 호수가 어려웠던 문제들이 아침이면 해결되는 즐거움을 경험하곤 했다. 호수가 욕망하는 모든 걸 한데 묶으니 산의 퍼즐 조각이 물침대에서 잠자고 있었다.

붉은 수염의 침대에서 자다·43
—새들의 크리스마스이브

새들은 어느 곳에 가면 먹을 게 있다는 기억을 저장할 머리가 작아서일까, 기억력이 나쁜 게 짜증스럽기는 하였으나 신이 내리신 선물이라 생각했다. 새들의 머리가 작아 망정이지 컸다면 멀리멀리 날아가지도 못했을 것이다.

새들은 기억의 필요 없는 부분을 하나씩 쪼개 제거해가는 능력이 있었다. 앞마당 감나무에 새들이 감을 조각가의 칼처럼 콕콕 찍어 맛있게 먹는데, 강아지가 산타할아버지 오니 굴뚝 집에서 자라고 왈왈 짖어대는 것이다.

붉은 수염의 침대에서 자다·44
—가방

정읍으로 문학기행 가려고 새벽에 가방을 주섬주섬 꾸리던 날이다. 중요한 걸 챙겨 가방 꾸린 후 자질구레한 것들을 빈틈에 끼워 넣는다. 얼마나 많은 것을 챙겨 넣었는지 가방도 나도 놀라 까무러칠 뻔했다.

밀크 로션과 빤스와 잠옷과 티셔츠와 양말 그리고 수건, 치약, 칫솔, 핸드폰 충전기와 면도기와 휴지와 이쑤시개와 시집, 볼펜, 메모장이, 정읍에 도착하여 가방을 여니 들뜬 초롱 눈망울로 뛰쳐나온다.

붉은 수염의 침대에서 자다·45

—곰삭은 친구가 지옥에서 기다린다

오늘 아침 몇 년 전 친구가 생일 선물로 사준 양말을 신었다. 엄지발가락이 이쁘게 쏘옥 발의 삭은 꽃을 피워내고 있었다. 오랜 옷이 올이 삭아 구멍이 나면 기워 입던 시절이 생각났다.

한세상 살면서 곰삭은 친구 한 명 있으면 성공했다고 한다. 그 친구는 불알친구 서로의 생각을 오래 섞으니 푹 삭았다. 티격태격 곰삭았던 그 친구 지옥에서 나를 기다리고 있다.

붉은 수염의 침대에서 자다 · 46
—산초

부평 할머니 추어탕집에서 친구와 가을 추어탕을 땀을 뻘뻘 흘리며 맛있게 먹는다. 추어탕에 산초가루 치니 코에 비릿한 냄새가 참새 떼 도망치듯 호로록 날아간다. 세상 물정 이야기하며 추어탕 먹고 나와 지하철 정거장으로 가면서 헤어졌는데,

오늘 친구의 마음을 먹었다고 생각할 때 가을 햇살이 내 어깨에 살며시 내려앉는다. 그리고 공상에 쌓여 걸어가는데 약산 하늘에서 구름모자 쓰신 어머니가 보였다. 봄가을이면 산초가루 타서 주셨는데 언젠가 물어보니 회충 때문이었다는 것이다.

붉은 수염의 침대에서 자다·47

—감나무 가족

어머니는 앞마당 감나무가 늦봄쯤 누런 통꽃을 피우면 새 가족이 생겼다고 좋아하셨다. 어머니는 가지마다 다닥다닥 붙은 감꽃을 듬성듬성 똑똑 따내는데 내 딴엔 아까웠다. 그냥 놓아두면 감이 많이 열려 실컷 먹고 좋을 것인데 왜 따느냐 물으니 웃으신다.

어머니는 감꽃도 거리 두기 안 하면 영양부족으로 몸이 약해져 쓸만한 게 없다 하셨다. 태풍이 불면 다 떨어져 남는 게 없으니 어차피 떨어질 거 골라 미리 버리고 남아있는, 감을 우리와 겨울새에게 주는 것은 감나무가 자신을 위해 선택한 가족이라는 것이다.

붉은 수염의 침대에서 자다·48

—우주의 되새김질

색을 모으면 밤이 되고 빛을 모으면 낮이 된다는 걸 모르는 사람은 이별과 만남도 어색하다. 영혼의 무릎 꿇는 밤이 오기 전 후라이팬에 도마토와 당근과 부로콜리를 섞어 올리브유 두르고 달걀을 깨서 그 위에 흩뿌렸다. 전원키자 온도가 올라가 후라이팬이 몸달아 죽겠다고 한다. 오늘 밤 내가 좋아하는 저녁 식사 끝나면 한번 하고 싶은 밤이다. 그렇게 밤은 이별의 엽서를 기러기가 물어다 주듯 찾아온다. 우리가 매일 이별하고 만나기 때문에 우주는 영악하게 세상의 색과 빛을 먹었다 뱉었다 토해낸다. 우주는 식물을 먹는 포유류다.

붉은 수염의 침대에서 자다·49
—끌리는 것들

그녀의 눈동자 뒤에 숨긴 슬픔이 뱀굴에서 부화한 새들처럼 나를 쪼고 있다. 동심을 잃어서 재미없다는 걸 모르는 그림자가 공허하게 저녁의 어깨를 짓누른다. 하던 일을 멈추고 돌아보니 신발을 사고 한 무리의 새를 바라보고 시를 쓰고 화분에 물을 주고 그녀를 만났다. 술을 마셨다. 오늘 하루 끌리는 것들은 보물이었다. 아침 같은 저녁에 나를 스쳐 지나가는 풍경들이 음악 소리로 들렸다.

붉은 침대에서 잠들다·50
—가습기

단풍이 들고 낙엽이 지면 어머니는 나를 데리고 자벌레처럼 산으로 올라가신다. 헉헉 소리를 듣고 반기는 늙은 소나무 아래에서 떨어진 누런빛 솔방울을 줍는다. 땀을 삘삘 흘리며 솔방울 줍다가 능이버섯 만나면 어머니 얼굴에 화색이 돈다.

그날은 뒤뜰에 기르는 토종닭 잡아 능이버섯 넣어 백숙을 끓여 내오신다. 아버지는 닭다리에 막걸리를 마시고 겨울 이야기 길게 끝내고 잠자리에 드는데, 다음 날 아침 방마다 물기 젖은 솔방울이 활짝 피어 솔 향기가 은은한 것이다.

| 제3부 |

붉은 수염의 침대에서 자다·51

—발톱을 깨무는 새

늙은 소나무의 감정은 늘 무의식에 뿌리를 내린 채 몸속에서 자라고 있다. 무슨 심사가 꼬였는지 발톱을 깨무는 새에게 웃어주는 것도 일상이 됐다. 나뭇잎 물방울이 광선을 굴절시킬 때 새는 발톱을 깨무는 걸 잊어버렸다.

신께서 대신해 줄 수 없는 유일한 사랑이 초록으로 번져가는 계절이다. 그 새가 소나무 옆에 무덤 속을 들여다보면서 죽은 자와 대화를 한다. 너희가 죽어서 가져가는 것은 사랑뿐이라는 말이 바람결에 왕왕 들린다.

붉은 수염의 침대에서 자다·52

—사랑의 교집합

시간의 구렁에 빠져 허우적거리는 당신을 꺼내 내 가슴의 공간에 간직하고, 나와 당신이 교집합으로 섞일 때 당신의 입술은 광어 피부 벗기듯 파르르 떨었다. 나는 영원히 당신 것이 되기 위해서 내 공간을 당신에게 내주는 게 자연스러웠다.

내가 가는 길에서 나란히 손을 잡아주지 않았으면 지금쯤 나는 서쪽으로 걷고 있을지 모른다. 당신은 나와 같이 걸을 때 내 목덜미에 키스 자국을 찾아내곤 좋아 웃을 때 나는 천국의 문에서 기웃거리는 악당이었다.

오랫동안 좋은 기억이 내 등에 사마귀알처럼 달라붙어 매일 밤 당신의 목소리가 환청으로 들렸다. 그야말로 밀가루 반죽처럼 당신과 나는 교집합으로 녹아들었을 때 당신은 나를 사랑의 공간에서 아낌없이 토해내기 시작했다.

붉은 수염의 침대에서 자다·53
—흰 눈

먹구름의 무릎에 고인 물방울이 하늘의 제설기에 빨려 들어가 하얀 옷으로 갈아입는다. 세상은 모두가 문이고 모두가 기회이므로 저것도 제 자리를 찾기 위해 눈동자 이리저리 굴린다. 눈 내리는 것은 고독을 스스로 받아들이는 기도처럼 응어리를 배출하는 게 아니라 연결을 찾아내는 과정이다. 산과 들과 강 그리고 바다에 내리는 흰 눈은 가족의 품처럼 안긴다.

붉은 수염의 침대에서 자다·54

—김장김치

한동안 뜸했던 그녀에게 소식 전한 것은 간결한 나의 실수였다. 오늘 밤에 비가 오면 내일부터 추워질 거라고 옷 따습게 입고, 코로나와 감기 조심하라고 말해주는 그녀와 다시 사귀기로 했다.

얼굴 한 번 본 적 있는 그녀와 만나는 것은 그리 어렵지 않지만, 그녀의 목소리가 내 손 잡고 시 쓰게 하는 것은 어쩔 수 없었다. 김장김치 보낸다는 글이 영혼의 파편처럼 가슴에 박히고 있었다.

붉은 수염의 침대에서 자다·55
—석류가 파도를 핥다

나에게 이것저것 지적하면 좋아지련만 누군가 말해주는 네가 없어 큰일이다. 창백한 눈동자 속으로 뛰어내린 별의 빈 무덤에서 파도가 달을 훔치고 있다. 당신과 내 생각은 웃다가 익어버린 달빛보다 더 가깝게 붉은 치아로 보였다.

바다는 견디기 힘든 계절인데 아름다운 추억으로 붉은 청춘들이 추파를 보낸다. 저 가문의 수치를 제거할 수 없다면 붉은 속살을 하늘에 걸고 싶었을 것이다. 나에게 이것저것 지적하면 싫어지련만 누군가 말해주는 네가 있어 붉어진다.

붉은 수염의 침대에서 자다·56
—지하철에서

늦은 밤 신도림역에서 인천 급행을 기다리는데 발바닥이 화끈거린다. 지하철을 타자 졸지 않는 승객 앞에 천장 손잡이를 잡고 우뚝 선다. 발뒤꿈치가 안쪽으로 먹어들어간 낡은 구두 신고 온종일 돌아다녔다.

위대한 신전의 기둥을 받친 구두 속에 열 받은 발을 꺼내고 싶었다. 마침 앞자리 승객이 일어나자 아, 땡이로구나 하며 비비고 앉았다. 나사 풀리며 옆 사람 어깨에 머리통이 닿자 콧속에서 풍악이 울린다.

붉은 수염의 침대에서 자다·57

—어느 사찰의 개

황순이*는 스님이 염불을 외울 때 옆자리에서 목탁을 두드리다가, 스님이 절하면 넙죽 절하고 일어서면 따라 일어서는 모습이 예쁘다. 황순이도 종교가 그토록 필요했는지 부처님에게 여쭈어보고 싶다.

황순이에게 종교가 있다면 아마 가르치는 삶의 중심은 사랑일 것이다. 자연과 해와 달과 별은 저 찬란한 색으로 산 자에게 사랑을 베푼다. 다음 생에 사람으로 태어나게 해달라는 황순이 목탁 소리 구슬프다.

* 어느 사찰에서 기르는 개의 이름.

붉은 수염의 침대에서 자다·58
—사과나무의 철학

만생종으로 가을 수확을 끝낸 마당의 사과나무가 사색에 들어갈 준비를 한다. 장미의 가문 시큼 새큼한 빨간 사과로 한 해 임대료 납부를 하니 깔끔하였다. 사과나무 우듬지에 남겨진 사과는 형제들이 창고로 이사 가자 눈물을 흘렸다.

찬 바람 불어와 사과나무는 똑바로 사는 게 어떻게 사는 것인지 사색을 한다. 박새들이 사과를 쪼아 파먹고는 진실하게 아름답게 보람있게 살라며 속삭였다. 시인처럼 사색하고 나무처럼 일해야지 하며 무릎을 치자 박새들이 물개박수를 친다.

붉은 수염 침대에서 자다 · 59
—분노의 질주

달의 수염에 매달린 당신의 나무가 밤이 되면 말하기보다 듣는 기도를 좋아했다. 당신의 나무는 삶의 일부를 숲을 위해 사용함으로써 자신을 내준다고 생각했다. 가깝고 소중한 건 어두워야 보이고 세상에서 가장 따뜻한 것은 식구의 얼굴이었다.

둥근 구멍에 사각형 쐐기를 박으려고 애쓰는 당신은 당신과 똑같아지질 않았다. 화해하기로 하였다가 용서받을 준비가 돼 있지를 않았기 때문에 깨지곤 하였다. 당신의 나무가 기도할 때 조잘거림의 볼륨을 약간 낮추니 분노의 질주 사라진다.

붉은 수염의 침대에서 자다·60
—버드나무

연못에 심심한 옷을 입어 살쩌 보이는 저 나무의 줄기에 썩은 구멍이 있다. 날벌레들이 구멍에 들어갔다가 더러는 빠져나오지 못하고 생을 마감했다. 구멍 속 공동묘지에 벌레 사체 쌓이면 밤마다 불빛이 반짝거리는데,

연못에 놀러 온 달님이 머리 산발한 나무를 보고 도깨비불이라 불렀다. 겁먹고 오돌오돌 떨고 있으면 물고기들이 달님 등 토닥토닥 두드려 주었다. 버들잎에 달님의 버드나무 도깨비 전설이 상형문자로 적혀 있다는 것이다.

붉은 수염의 침대에서 자다·61
—겨울 산

겨울 산의 눈은 밤에 달과 별이 책을 읽다 펼쳐 놓고 간 듯이 보였다. 하얀 페이지에 가뭇가뭇 검은 자음과 모음이 포옹하고 있기 때문이고, 나무는 겨울이 되면 봄 여름 가을의 산문을 다듬은 시의 문장처럼 서 있다.

천천히 말하는 사람이 말 잘하듯이 겨울 산은 급할 게 없이 책을 읽는데, 이 소리는 겨울 산의 입에서 나는 소리가 아니라 책장을 넘기는 소리였다. 겨울 산의 책 내용을 해독하니 스치면 인연 스며들면 사랑이라 적혀 있다.

붉은 수염의 침대에서 자다·62
—나는 붕세권에 산다

산꼭대기가 도심을 내려다보는 이면도로 후미진 실내포장마차에서, 친구하고 술 한잔하는데 지난달 역세권으로 이사 왔다고 한다. 역세권 아파트가 타 아파트보다 비싸서 나로서는 그림의 호떡이었다.

오늘 소주가 쓰다고 생각했을 때 창문 너머 붕어빵 노점상이 보였다. 친구와 거나하게 마시고 취해 딱정벌레 내달리는 빛의 거리에서 헤어지자, 붕어빵 사서 귀가했는데 당신이 붕어 꼬리 흔들어 그 날밤 뜨거웠다.

붉은 수염의 침대에서 자다·63
—복수초

아침에 일어나니 산이 희번득거린다. 북극권의 찬 공기가 내려오니 겨울이다. 겨울은 세상 삐딱하게 보는 자를 묻어버리기 위해 하나님은 흰 눈을 뿌리신다. 삐딱은 부정으로 보는 습관이 변하지 않는 마음의 검은 뼈가 자라기 때문이다.

크리스마스이브에 눈 내리길 바랐지만 한참 지난 후에야 눈이 소복소복 내리는데, 저것은 땅속에서 뒤척거리다 제 몸의 난로에 불을 붙여 그 열기로 주위가 녹는다. 오늘은 두어 발짝 눈 녹아 노란 꽃 피어나니 산이 등 간지러워 긁어 달라 한다.

붉은 수염의 침대에서 자다·64

—우주는 외로움이다

이 세상을 산다는 것은 외로움이다. 이 외로움은 당신의 몸속에서 자라는 호랑나비 애벌레가 나뭇잎을 갉아 먹듯 심심풀이 땅콩을 깨물어도 머릿속 보통이로 파고든다. 외로움에 빠지는 입구는 있어도 출구는 없다는 주목은 한자리에서 천년을 살아도 불평불만이 없다.

내 관절에서 외로운 휘파람 소리가 난다. 외로울 때는 나무에게 오라고 나뭇잎들이 손짓한다. 햇빛이 속삭이는 날에 나무는 언제 그랬냐는 듯이 휘어진 가지마다 조잘거린다. 나무는 억지나 가식이 없이 세상일을 자기 일처럼 하므로 외로운 햇빛도 매일 놀러 오는 것이다.

붉은 수염의 침대에서 자다·65

—행주대교 아래서

지금은 물고기가 열매의 씨앗을 뿌리는 기회의 계절입니다. 백 살의 잉어 암놈이 지난해 부화한 새끼들을 데리고 산책하면서 낚시 이론 특강을 하고 있습니다. 일단 꼬리로 쳐보고 미끼가 도망가지 않으면 절대로 물지 말라고 어린 물고기들에게 가르치고 있습니다.

밤 낚시꾼이 밤새도록 은빛 줄 풀었다 놓았다 잡은 물고기가 어죽 집으로 팔려 갑니다. 행주대교 아래 가면 북한강 고기는 거무튀튀해 고추장 발라 도리 뱅뱅이 술안주로 내놓고, 남한강 고기는 허여스름해 채소 넣고 어죽 끓여 내놓습니다.

당신은 흙 비린내 난다고 질색이지만 나는 새벽의 물고기처럼 폴짝폴짝 상류로 머리를 내밀고 벚꽃이 폈나 기웃대는 청춘의 물고기입니다.

붉은 수염의 침대에서 자다·66
—나의 비석

나는 이처럼 놀라운 날을 주셔서 신이여 감사합니다. 라고 기도할 때 당신이 내 옆에서 내 기도의 말을 그대로 따라 기도했다. 금방 내 몸에서 빠져나온 내 영혼의 눈이라 생각했다. 나의 기억과 추억은 돌에 저장됐다고 주장했다. 그러니까 나의 미래까지도 보인다는데 당신 눈동자에 내가 빠져 흐느적거리는 연체동물처럼 움직였다. 자연과 마주할 때마다 기분을 북돋워 주듯이 고요한 순간, 분수로 물이 떨어지는 순간, 여자아이의 목소리를 듣는 아름다움을 포획하는 순간 이런 것이 바로 삶이었다. 당신의 팔에 안겨 하늘로 날아오르는데 나의 어깨에 날개가 솟아나고 있었다.

얼마나 같이 날았을까. 당신이 강가에서 들고 있던 돌을 빠뜨렸을 때 눈이 내리고 있었다. 거북이 등에 돌이 떨어져 북소리처럼 들렸다. 그리고 당신은 비백飛白의 흰 울음 품고 나를 지상으로 던지고 먹구름 하늘로 올라갔다. 함박눈이 펄펄 내렸다. 거북이가 아프다고 입 벌리고 있었다. 나는 나의 돌을 찾아 거북이와 강바닥을 헤매는데 함박눈이 연실 퍼붓고 있었다. 호주머니에서 핸드폰이 울렸다. 하늘에서 천둥 번개가 치자 당신의 죽은 육체가 내 옆에 놓여 있었다. 강 건너 하얀 앞산에 묻었다. 몸이 아프기 시작했다. 갈수기에 강바닥이 보이면 그 돌을 찾아 나 죽으면 비석으로 써달라 유언장을 썼다..

붉은 수염의 침대에서 자다·67

—우회적 기도

앞마당 반백 년쯤 되는 감나무에 목줄을 묶어둔 백구를 수년째 키우고 있다. 늙은 감나무나 목줄의 백구나 창문에서 보여 습관적으로 눈과 귀를 열고 있었다. 당신은 봄이면 감나무 손질하고 개밥을 주며 섬진강 벚꽃 구경 가자고 조르곤 했다.

햇살 어느 날인가 사과나무가 몸이 시름시름 아픈데 맛있는 거 좀 달라고 했다. 백구가 꼬리를 흔들고 끙끙거려 바라보니 대문 밖 수컷이 데이트 신청 중이었다. 당신과 감나무와 백구의 불평 자체가 우회적 기도라 들어주니 봄이 활짝 웃는다.

붉은 수염의 침대에서 자다·68
—곱창

나 오늘 당신과 기필코 기름기 잘잘 고소한 곱창을 먹으러 가려네. 돌돌 말린 곱창을 불판에 올려 노릇하게 익으면 싹둑싹둑 자르려네. 내 가운데 거시기 잘리는 것 같아 황홀한 밤의 페이지가 넘어가네.

어렸을 적 동네 잔칫날 돼지를 잡으면 창자를 어머니는 얻어 오셨네. 창자 뒤집어 똥과 곱을 긁어내고 씻어 껍질을 빨랫줄에 말리셨네. 바싹 마르면 한 뼘 정도 잘라 한쪽 끝을 무명실로 단단히 묶으셨네.

내 여자 친구하고 여행 갈 때 어머니가 콘돔을 가방에 넣어 주셨네. 여행에서 돌아왔는데 곱창 잘 사용했냐고 하시며 빙그레 웃으시네. 옛날엔 달뜨는 밤에 말린 곱창 물에 불려 거시기에 모자 씌웠다네.

붉은 수염의 침대에서 자다·69
—바람의 호기심은 경계심을 이긴다

나는 호기심이 잔뜩 들어찬 외눈박이다. 태어날 때부터 한곳을 바라보며 달리는 질주 본능이 있다. 어느 때는 부드럽게 거칠게 그리고 손톱 세워 그대의 머리채 잡아당기고 등짝에 생채길 내므로 경계심의 싹이 자랄 수가 없었다. 나는 아버지의 아들이었고 아버지는 내 아들이었다. 눈부시게 빛나는 진흙탕에서 핀 장미 누가 누구를 바라보는지 푸른 발 새들의 얼었던 피가 녹으며 심장 뛰는 소리가 들린다.

뺑 돌아 떨어지는 나뭇잎, 트럭에 뒤집혀 실린 수레바퀴가 빙빙 돌아가는 허공, 졸음도 펄럭이는 가로등 불빛, 자영업자 한숨으로 꺼져가는 도심의 간판 불빛, 응급실로 달리는 앰뷸런스가 작은 바람의 냄새를 피운다.

나는 너덜너덜해진 내 수천 개의 뼈를 다시 끼워 맞추고, 늙은 평행선 위에 웃음과 울음이 나란히 달릴 때도 나의 호기심은 경계심을 이겼으므로, 너인 듯 나는 목놓아 울었다.

대양과 광야를 지나 산을 넘고 사막을 횡단하면서 내 몸 안에 실핏줄이 산산조각 찢어진다. 지상에 뿌려진 초록 피 물든 경계에 사람들이 나를 설득시키려 했으므로 두려워서 바람처럼 나는 스스로 목숨을 끊는다.

붉은 수염의 침대에서 자다·70
—구멍 뚫린 신발의 장례식

오늘 무슨 색을 신고 나갈까 신발들과 정답게 눈 마주친다. 집 근처 야산에 가기 위해 오래되고 색이 바랜 신발을 신는다. 내 삶을 구조 조정하면 분수에 맞게 잘살고 행복해질 수 있지 다짐하며 헉헉 산을 오른다. 초록의 나무들이 나에게 그때는 바로 지금이라고 귓가에 바짝 일러 준다.

비가 오기 시작하는데 신발 속으로 물이 뱀처럼 스르르 들어온다. 신발 닳도록 분주해진 신발 가죽의 힘이 내 몸속 근육으로 흘러들어온다. 산에 오르고 달리는 과정에서 내가 딛는 발걸음은 내게 즐거움과 건강을 준다. 산에서 내려와 신발을 깨끗이 닦아 장례식을 거행하는데 비가 멈추더니 해가 관을 엄숙하게 내려다본다.

붉은 수염의 침대에서 자다·71
—정서진 이야기

정서진은 자신의 대서사시를 쓰고 있었다. 갈매기 날개로 첼로 켜는 영종도 바다 물결 위로 끼룩끼룩 노을이 진다. 사랑할수록 청춘이라며 당신에게 사랑을 시도했던 고요의 꽃들이 떨어진다. 떨어져 지는 것은 눈물겹게 참 아름답다.

멀어졌다가 다가왔다가 출렁이는 첼로 소리 따라 통통배의 그물에 검붉은 웃음이 실려 온다. 사랑하는 재주를 키우려고 애쓰는 건 바보들이나 하는 짓이란 듯 노을의 첫 번째 발걸음은 사랑의 두 번째 발걸음에 동여매어져 있다.

단단한 각오로 바다 이야기에 귀를 기울이는 달처럼 노을은 바다에 붉은 물감을 푼다. 정서진에서는 조심해야 한다. 노을이 당신의 검붉은 심장을 도려낼지도 모르기 때문이다.

붉은 수염의 침대에서 자다·72
—팽나무 아래에서

팽나무는 속내를 드러내 보이지 않고 일기장을 쓰고 있다.
초가을 열매가 사찰의 염불 소리처럼 붉게 익어가고 있다.
동네 새들 모여 열매 먹으며 뼈에 사무친 눈물 글썽였다.

사람들은 어떤 문제에 빠지면 팽나무에 대고 기도를 했다.
논밭 경계에 팽나무 심어 인간과 동물에게 이정표가 됐다.
팽나무 아래 달력에 속지 말라는 말이 격언으로 들린다.

붉은 수염의 침대에서 자다·73

—안락의자

저것의 감성 친구가 손을 잡아주지 않아 여러 해 동안 끙끙거렸네. 시 쓰기 전 상상은 가끔 편안한 저것에서 구름처럼 피어오르곤 했네. 수염 달린 모나리자가 구름코끼리 타고 나타났는가 하면, 거실 바다에 가을 설악이 내려와 내 사랑 찾아 발이 부르트도록 걸었네. 언젠가는 마치 고대에서 날아온 시조새처럼 파리가 내 이마에 앉아 개기름 빨아 당신에게 낫으로 후려쳐 달라고 조르기도 하였네만 저것에 앉으면 만화경이네. 누군가 시인은 꿈을 팔아 세월을 끌고 가는 사람이라 했거늘 언제 존재의 지평에 다다르려는지 모르겠네.

붉은 수염의 침대에서 자다·74
—문

옛날 애인이 찾아올 것 같은 겨울비 내리는 저녁에 적막의 비밀번호를 누른다. 문 하나 닫히면 새로운 문이 열리고 군자란 발그레한 꽃의 살인미소 상큼하다. 내 육체에 시라는 거대한 단어와 정신과 영혼을 품어 문 열고 들어가 샤워한다.

지니야! 하면 네 하고 대답하는 인공지능 어여쁜 여인에 옥구슬 소리가 싱싱하다. 티브이 켜 하자 몇 초 후에 화면 열리면 리모콘이 손바닥 거미줄에 달라붙는다. 쇼파에서 시가 언제 찾아올까 나는 문이란 문을 기웃기웃 다 열어 보는 것이다.

붉은 수염의 침대에서 자다·75

—분명해질 때

앞마당에 대추나무를 심어야지 하는 생각이 뇌리 한구석에서 나도 모르게 자라고 있었다. 유실수가 여러 가문이 있지만 나도 모르게 대추나무를 심기로 정해 내가 하는 일이 갑자기 분명해졌다. 대추나무 새 친구를 사귈 때도 완벽한 나무는 없다는 것을 잊지 않았다.

봄에 대추꽃이 노랗게 피더니 다닥다닥 쥐 젖 같은 대추가 열렸는데 진딧물이 달라붙기 시작했다. 약 치며 결점 없는 친구 기대한다면 결코 친구를 만들 수 없다고 생각했다. 당신이 새참을 펼쳐 김치전에 막걸리 한 잔 마시는데 엉뚱하게 이 술을 대추 나무에게도 권하고 싶었다.

무성한 가지가 없는 대추나무잎 사이 허공에 해답이 적혀 있었다. 막걸리 마시다가 남겨 대추나무에 뿌리면 술에 취한 진딧물이 몽땅 땅으로 떨어져 죽으리라. 대추나무 친구에게 한 잔 주는 것을 왜 진작 생각하지 못했을까?

| 제4부 |

붉은 수염의 침대에서 자다·76
—신박한 사랑

익숙한 슬픔이 먹구름 무덤 속으로 파묻히네. 사랑이 손가락 사이로 구렁이 담 넘듯 지나가네. 신선한 시간을 찍은 사진 속에서는 행복했었네. 북극의 하얀 얼음장같이 찬 신들의 장난이었네.

승자는 모든 것을 가지고 패자는 무릎을 꿇었네. 나는 세상만사 사랑의 결정은 신의 몫이라 믿네. 저 사랑은 다시 시작되고 크든 작든 행복했었네. 나 기어이 저 신박한 사랑의 장면으로 스미려네.

붉은 수염의 침대에서 자다·77

—탱자나무

탱자나무 하얀 꽃을 호위무사들이 가시로 무장했다. 노랗게 익은 열매의 향은 수천 리 가지만 먹을 수 없어 한약 재료 상만 찾는다. 저 나무의 머리에서 짜낸 메마른 논리적인 추론보다 뼈에서 느끼는 작은 떨림이 처절하다.

탱자를 주는 손에서 언제나 향기가 난다. 어머니는 저것의 씨를 말려 자식들에게 체하면 달여 주셨다. 탱자나무 뼈의 작은 떨림으로 주위 나무들은 속이 후련하게 웃고 푹 잤다. 어디선가 날아온 박새가 묻네. 탱자는 누가 먹나요.

붉은 수염의 침대에서 자다·78
—백 미터 달리기

올림픽 결승 백 미터 달리기 보고 있으면 왜 내가 흥분하는지. 사랑 한 번 치르는데 백 미터 달리기의 힘이 필요하다고 누군가 그랬지. 여름밤 창밖에 장미 꽃향기가 너무 황홀해 애인에게 우리도 백 미터 달리기하자 졸랐지.

허 참, 우리는 침대에서 뛰었단 말이지. 얼마나 허우적허우적 달렸을까. 창밖에 앉은 바람 한 점이 우리 사랑의 백 미터 달리기 보고 있었지. 눈을 뜨기 힘든 여름밤보다 높은 반달 저 하늘로 절정의 기분이 날아가고 있었지.

사랑 끝나고 나서 콧노래 부르며 시계 바라보니 육백 초가 넘었지. 올림픽의 흑색 백색 황색 피부의 선수들 대부분 십 초 언저리에서 뛰었지. 내가 육십 배가 느렸지. 그러니까. 내가 흥분할 수밖에 없지.

붉은 수염의 침대에서 자다·79
—하얀 목련 세금고지서

세무서 앞을 지나가는데 고지서가 따라온다. 납세의 그물망이 뚫어진 데 없나 우편함을 주시한다. 재산세 건물분의 독촉장이 우편함 입속에서 칼처럼 반쯤 혀를 내밀고 있다. 점심 식당에서 소머리국밥 옆에 주문표가 하얀 목련처럼 피었다.

달력을 보는데 오피스텔 월세가 손 내밀고 있다. 제삿날 돌아오듯 눈 감았다 뜨면 하얀 목련처럼 피었다. 일 년 동안의 각종 세금고지서가 하얀 목련 종이 탑을 쌓고 있다. 그날 재산세 건물분의 독촉장 생각하면 지금도 허리가 뻐근해진다.

붉은 수염의 침대에서 자다·80
—직관

태백산 중턱 오르다 다리 아파 오동나무와 단풍나무 사이에서 쉬어가기로 했다. 나는 정해진 계획이 없었으니 정상에 오르는 목적이 도착이 아니라고 생각할 때, 동쪽 바람이 불어와 태백산 넘는데 오동나무와 단풍나무가 대화하기 시작했다.

너는 바이올린이 되어 산 사람들 턱밑에서 앵앵 소리나 내니 행복하겠다고 말했다. 나는 어쩌면 시체 담는 관이나 만들어져 나갈 판이니 너무 슬프다고 울먹일 때, 미래는 통제할 수 없으니 네 마음의 저수지에서 긍정의 직관을 길어 올리라 했다.

다음 날 오동나무가 트럭에 실려 가면서 신의 인도하심이 필요하다고 기도드렸다. 목공소에서 자개장으로 만들어질 때 전에 단풍나무가 부러웠던 게 부끄러워졌다. 긍정의 직관을 믿었더니 자개장으로 태어나 안방을 차지하고 행복하다는 것이다.

붉은 수염의 침대에서 자다·81
—전등사의 돌

산바람이 나무를 어깨와 턱에 괴고 바이올린을 연주한다. 바람이 곁에서 보이는 희극적인 숲의 풀 북을 두드려댄다. 새들은 바람의 지휘에 따라 저마다의 노래를 지저귄다. 바람은 오케스트라의 여기저기 어루만져 하모니 만든다.

천년고찰의 전등사를 받치고 있는 주춧돌은 묵묵하다. 바람은 슬프고 즐겁게 지나간 시간이지만 소리 내지 않는다. 소리 내지 않는 바람은 돌 속으로 사라지므로 바람은 돌이다. 전등사를 받쳐 든 돌은 시간이고 시간은 돌이므로 바람이다.

붉은 수염의 침대에서 자다·82

—여름의 집착

아침에 일어나서 집착할 게 뭐가 있나 생각하네. 창밖에 흔들리는 나뭇잎에게 물어보고 싶어졌네. 햇빛을 누가 막는지 벌레들이 몸은 갉아 먹는지. 오늘도 집착으로 시작해 생각하다 잠이 드는데.

오동통 내 너구리 같은 얼굴이 근심에 쌓여있네. 삶이란 집착이므로 풀 수 없으면 근심이 싹트네. 수박에 검은 줄 그면 집착이고 속살은 근심이네. 먹고 씨앗 뱉으니 다음 생을 집착하며 날아가네.

붉은 수염의 침대에서 자다·83
—붉은 고추

감기의 동행 의식이 끝나자 차 몰고 떠났네. 도시가 농촌 어귀 인사 목 느티나무 귀에게 이곳에 시간은 술도 하냐고 물었네. 농촌은 웃으면서 도시의 귀에 옳고 그름의 바람 소리 들리느냐 했네.

멍석 깔고 도시의 시간과 농촌의 시간을 비볐네. 한 걸음 두 걸음 시간은 느릿느릿 지나갔네. 눈길 줄 때마다 목가의 황토집 짓듯 구조물 쌓이고 있네.

주말에 당신과 붉은 고추 따는데, 여자는 품어야 아름다운 몸이었네. 자궁에 아기를 품고, 앞치마에 붉은 고추 품고, 오늘 밤, 나를 품어 심연에 빠뜨려 주오. 좋아 죽을 만큼 살려 달라 하겠네.

붉은 수염의 침대에서 자다·84
—오피스텔

구월동 숫처녀의 오피스텔에 입주하는 날 밤 초경을 생각했다. 임대차 계약하고 파란 스마트 키 들이대니 문이 스르륵 열렸다. 시 쓰다 막히면 잠자라는 침대는 고양이 턱수염처럼 날씬했다. 복도 따라 다닥다닥 제비 둥지에서 가끔가다 웃음소리가 들렸다.

창문을 여니 젖무덤 같은 공원에서 매화꽃 향기가 날아들었다. 빼꾸기가 빼꾹 빼꾹 우는데 탁란의 둥지가 들썩거리는 것이었다. 혼자가 된다는 건 오방색 줄 끊어졌다는 萬神의 말이 생각났다. 오피스텔에 잠시 머물 추억의 페이지에 스며든 봄이 방긋거렸다.

붉은 수염의 침대에서 자다·85
—절개지

내 치아에 절개지는 군대시절에 치약 다 떨어져 비누로 이 닦으며 시작됐다. 아주 작은 절개지를 따라 칫솔이 그곳을 갉아내기 시작하여 점점 벌어졌는데, 술 한 잔 먹고 자는 밤에 입속으로 들어온 바람이 구석구석 만지고 지나갈 때. 잇몸 시려 잠자다 벌떡 일어난 적이 있었다만 진통제로 지금까지 잘 참아왔다.

며칠 전 아침 식사하는데 통증이 머리끝까지 올라 갑자기 무서운 생각을 했다. 염증이 내 심장을 멈추게 할 것 같은 생각이 장미의 가시처럼 자라고 있었는데, 절개지가 일곱 곳이나 있는데 시멘트 부어 써보시라는 말 듣고 입 벌렸을 때, 치아의 절개지 갈아내는 소리에 불두덩 속으로 고추가 말려 들어가고 있었다.

붉은 수염의 침대에서 자다·86
—비를 읽는 법

너는 지상으로 뛰어내리기 전 신생아의 탄생 순간처럼 시끄럽네. 먹구름 펼치고 태양을 가려 자궁 속 불완전한 이야기를 전달하지. 강줄기 바꾸는 옥구슬 같은 빗방울의 허공은 숨소리로 가득 찼네. 내리다 누군가 만나 의기투합하여 힘센 근육으로 뭉치기도 하지.

태초의 빗방울은 황당하게도 불에서 태어난 게 아닐까 상상하지. 나는 네 얼굴을 기억하고 말 걸려 하면 너는 눈 감고 노래 부르네. 너는 수소 두 개로 산소 업은 봄 개구리 짝짓기처럼 웃음이 나지. 고요한 리듬이 들리는 내 귀에서 비의 문장들이 지금도 자란다네.

붉은 수염의 침대에서 자다·87
—행복

나는 내 자신에게 너무 엄격했으므로 구름모자 벗듯 이제 용서를 빈다. 매일 아침에 거울 볼 때마다 신체적으로 못생긴 얼굴의 단점만 보였다. 하루를 되돌아보면 쓸데없는 충동구매라든지 실수했던 일들만 떠올랐다. 그저 그런 일상 속에서 아무 잘못도 하지 않았는데 나를 다그치곤 했다.

그런데도 친구들은 나를 좋아하고 심지어 사랑을 퍼주기까지 해주었다. 밤하늘의 빛이 온몸을 적셔주는 반짝 별 보면 경이로운 행복을 느낀다. 저 별들은 내게 무슨 의미로 다가오는지 거룩한 호기심의 질문 던진다. 행복은 가끔 내가 열어둔 걸 잊었던 문으로 슬그머니 들어오는 것이다.

붉은 수염의 침대에서 자다 · 88

—겨울철 사과나무처럼 운명이 보일 때가 있다

외출 후에 지하철 타서야 보니 양말을 짝짝이로 신고 나온 걸 알았다. 건너편 의자의 사람들이 내 발목을 쳐다보며 위아래로 시선을 보냈다. 저녁 반찬거리 사다 놓는 걸 깜빡해 하루가 엉망진창이 된 적 있었다.

지하철이 지상으로 나와 달릴 때 과수원에 겨울철 사과나무가 보였다. 저 나무의 꽃이 필 것 같지 않아 보이는 것이 내 운명처럼 느껴졌다. 덜덜 떠는 우듬지에 매달린 늙은 사과를 직박구리가 파먹고 있었다.

지하상가에서 양말 한 켤레 사서 화장실에 들어가 갈아신고 나와서, 로또 살지 말지 기분 좋게 친구를 만나러 가면서 운명을 믿는 것은, 겨울철 사과나무처럼 어디선가에 꽃과 열매를 숨기고 있기 때문이다.

붉은 수염의 침대에서 자다·89

—웃음은 태양이다

나는 당신의 웃음을 만나 두 개의 태양이 뜨는 집에서 살았습니다. 고소하게 깨가 쏟아질 무렵 첫째 딸 탄생의 웃음소리에 행복했습니다. 한동안 셋이 웃으면 쓸쓸한 냉기를 몰아내는 태양이 세 개나 떴습니다. 몇 년 후 둘째 딸 탄생의 웃음소리로 네 개의 태양이 반짝거렸습니다.

당신과 나는 열심히 작은 두 개의 태양을 키워서 성인을 만들었습니다. 화장하고 옷맵시 내더니 어느 날 제 짝 찾아 어디론가 집 떠났습니다. 오늘 아침 식탁에서 생선 뼈 발라 내 살을 당신의 밥숟가락에 올렸더니, 매화처럼 환하게 웃는데 얼굴이 겨울을 몰아내는 태양처럼 보였습니다.

붉은 수염의 침대에서 자다·90
—이쁜 치매

어느 봄날이었던가 요양원에 봉사 갔을 때 이쁜 할머니께서 나에게 그러시는 것이다. 어젯밤에 그 님이 나타나 약 한 알을 먹이고 가 한숨 못 잤더니 피곤하다고 그러셨다. 이쁜 할머니의 어머니 강요로 싫은 결혼 첫날밤에 그 님이 약 한 알 먹여 잠을 잤다.

그 님이 마음에 들지 않았으나 억지 춘향의 주변머리 없어 도망도 못 가고 살았는데, 그때 결혼 첫날밤 약 한 알을 먹고 잠에 빠져 잤는데 배가 불러오고 있었다는 것이다. 영화배우 빰치는 이쁜 할머니 놔두고 그 님이 바람 나 스트레스로 치매 싹트기 시작해,

가끔 꿈속에서 그 님이 나타나 약 한 알을 먹이고 가서 이쁜 치매로 울다 웃곤 하셨다. 몇 년 전에 그 님이 먼저 저승으로 갔는데 이쁜 할머니 찾아오니 저승이 있는 모양이다. 그렇지 않고서야 어찌하여 산 사람 꿈속에 그 님이 나타나 약을 먹이고 가는지 말이다.

붉은 수염의 침대에서 자다·91

—복령

가만히 눈 감으니 산속으로 내가 들어가고 눈 뜨니 산이 내 속에 들어온다. 산에서 시선을 끌어들이는 것은 시리게 아프도록 베푸는 소나무 군락이었다. 군락지 찾아 산줄기 타는 길은 멀고 낯설지만 바람은 늘 나를 설레게 한다. 산에서 길 잃어 헤매는 실수도 삶이 따분하고 지루하지 않다는 것을 알았다.

산을 찾아가면 즐거워지는 건 신선하고 밝고 지칠 줄 모르는 동심 때문이다. 모든 선행은 용기의 사다리 타고 오르듯 도착해 소나무 뿌리 베고 누웠는데, 솔향 냄새 진하게 올라와 지팡이로 주위를 꾹꾹 찔러보다 뭉클 감촉이 왔다. 기회는 강력하듯 뿌리에서 복령을 캐내 미소 짓는데 익숙한 바람이 불어온다.

붉은 수염의 침대에서 자다·92

—모감주나무

죽자 살자 지내던 친구가 죽었다고 연락이 왔다. 피를 토하는 심정으로 염습 의식에 참석했는데, 수의를 입히자 거시기가 불쑥 서 있는 것이다. 부인이 부끄러워서 남편의 거시기 쓰러뜨리면, 오뚜기처럼 발딱 일어나 염습실이 술렁거렸다. 친구가 죽기 전날 비아그라 한 알은 효과 없어, 세 알 먹고 찐하게 사랑해 내일 이야기보따리 풀겠다고 했는데 복상사 얼굴이 행복해 보였다. 재수 있는 놈은 죽으면서도 웃고 죽는가 하면, 재수 없는 놈은 울다 죽어 공평하지 않았다. 죽어서도 거시기 빳빳하게 발기되어 관 뚜껑이 닫히지 않아 할 수 없이 뚜껑에 구멍을 뚫었다. 무덤에다 묘혈을 파고 묻는데 부인은 꺼이꺼이, 거시기 못 써먹어 아까워서 어쩌나 훌쩍이는데, 무덤가 모감주나무가 바람에 달가닥달가닥하자, 씨앗이 구멍 뚫린 관뚜껑에 후두둑 떨어졌다. 죽어서 저승에 가서도 알약이 필요하다는 것일까, 달가닥달가닥, 밥상 수저 놓는 소리에 잠이 깼다.

붉은 수염의 침대에서 자다·93

—진수성찬

웃음 씨의 아침 식사는 부엌에 선 채로 간단히 먹는다. 삶은 달걀 두 개와 호밀빵 한 조각에 커피를 마시고 서둘러 직장으로 향한다. 점심에는 편의점의 김밥을 책상에서 대충 해결한다. 그러다 저녁이 오면 편안하게 식탁에 앉아 가족들과 오순도순 저녁을 먹는다. 냉이 된장찌개에 도토리묵과 멸치볶음과 구운 김과 김치로 소박하게 식사하고 진수성찬이라 한다. 그래서 오늘 씨가 어째서 진수성찬이냐 물었다. 함께 먹을 때 식탁에 기쁨과 슬픔도 올려져 있었으니 진수성찬이라는 것이다.

붉은 수염의 침대에서 자다·94
—눈이 내리네

함박눈 내리는 날 눈의 충고를 무시하는 군중 속에서 내가 나를 찾을 수 없었네. 겨울의 흰옷 입은 나방들이 일제히 지상으로 내려와 제 육체를 땅에 묻고 있었네. 강아지와 겅중겅중 뛰며 놀던 날 내 머리에 눈 모자 쓰고 나도 눈이 되어 있었네. 눈이 내리면 그렇게 좋으냐 강아지에게 물었더니 발바닥 시려 겅중겅중 뛰었다네. 눈의 충고 무시하고 시장에 가시던 어머니가 미끄러져 고관절 골절로 돌아가셨네. 천변의 매화꽃이 눈에 파묻힐 때 내가 죽은 나의 손톱을 잘라 어머니에게 보냈네.

붉은 수염의 침대에서 자다·95
—흰발농게

남풍 불자 게 눈 감추듯 변하는 영종 갯벌의 흰발농게 풍경이 구멍에 숨는다. 달 표면 구멍마다 신방 꾸미기가 몽롱하다 못해 사랑이 뚝뚝 떨어지고 있다. 이승이 저승으로 놀러 오듯 갈매기 눈빛이 흰발농게 구멍에 파수꾼처럼 붙었다. 물고기가 적을 피해 은폐로 사용하는 흰발농게 구멍은 바다의 성들이다. 썰물이 되자 구멍을 파고 다듬는 것은 언제 이루어질지 모르는 사랑 때문이다. 이리저리 사랑이 밀려다니자 흰 발 들어 박수치는 것은 포옹의 뿌리일 것이다.

붉은 수염의 침대에서 자다·96

—넘어져도 괜찮아

어젯밤 자학의 속풀이로 냄비에 황태 집어넣고 멍하니 바라본다. 걸음마 하기 시작한 아기는 일어서는 횟수보다 더 많이 넘어진다. 걸어서 새로운 세상 만나고 싶은 절실함에 넘어져도 또 일어난다. 부모님 합장 산소의 핀 벚꽃 나무가 검은 비석 읽는 것도 그랬다. 솥단지 아궁이 연기 나오듯 자욱한 안개 속을 멍하니 바라보는데, 바람 누구인가 시 쓰다 넘어져도 괜찮아하며 내 등을 토닥거린다.

붉은 수염의 침대에서 자다·97
—팬티

팬티는 벗는 것이 아니라 벗기는 것이다. 벗긴다는 것은 사랑의 빗장을 여는 것이다. 장미색으로 서로 엉켜 키스하고 애무하면, 무언의 승낙이라 긍정의 생각으로 벗긴다. 젊은 날의 벗기는 것을 시동 건다고 했다. 시동 걸리면 오토바이 타고 쌩 달리는데, 깃발 꽂는 목적지에 금방 아쉽게 도착했다. 밤새 여러 번 팬티 벗겼던 때가 언제였나, 그때 청춘의 기름 다 태워서 그랬나 보다, 요즘 시동 잘 걸리지 않으니 어쩌겠냐만, 그래도 자존심의 팬티 벗기면, 청춘의 검은 풀이 자라는 불두덩이 보인다.

붉은 수염의 침대에서 자다·98
—걸러지는 것들

미풍에 흔들리는 단풍잎도 신진대사로 걸러진 찌꺼기다. 창 너머 낡은 아파트 벽으로 걸러진 백화꽃이 만발했다. 고양이는 비밀의 땅 파서 걸러지는 것들을 흙으로 덮는다.

우듬지에 감 먹으러 온 딱새를 가지가 온몸으로 받아낸다. 올가을 단풍들이 색을 뽐내듯 서로 얼굴을 바짝 쳐든다. 오늘도 나는 낙엽 밟으며 걸러진 눈물 다 받아내야 한다.

붉은 수염의 침대에서 자다·99

—편두통

감성 메마른 날 시집을 읽는데 머릿속 한쪽으로 치우친 통증이 오는데, 무법의 침입자 스트레스로 혈압 높은 게 아닌가 걱정 쭉 밀어 올립니다. 아버지는 반백 년 전 화장실에서 혈압으로 쓰러져 유명을 달리했습니다. 건강 검진하러 병원에 가면 의사 선생님이 가족력 묻곤 했는데 말입니다.

혈압 측정기를 꺼내서 재 보았는데 높게 나와서 걱정하며 다시 재보는데, 팔에 두르는 천이 부풀어 있어 공기 빼내고 다시 쟀더니 정상이었습니다. 금방 편두통이 사라지는데 내가 얼마나 간사한 놈인가 그때 깨달았습니다. 편두통이란 머릿속에 구름입니다. 이리저리 떠다니다 없어지니까 말입니다.

붉은 수염의 침대에서 자다·100

—겨울 산행

북극권 제비갈매기가 날개 펄럭이자 수도권이 영하로 떨어졌다. 아침에 일어나 숨 쉬는 데 기뻐할 이유를 찾지 못하던 날이었다. 오솔길 따라 겨울 산으로 당신과 손을 꼬옥 잡고 걸어 올라갔다. 간밤에 내린 눈으로 나무는 불가능할 때까지 눈을 들고 있었다. 이곳에 매력은 언덕에서 토끼가 눈 속의 풀뿌리를 찾고 있었다. 엄마 토끼가 먹이를 먹는 데 굴속 새끼들의 살찌는 소리 들린다.

|해설|

동시적 상상력의 철학

—김영진의 시세계

최광임 | 시인·두원공대 겸임교수

시를 쓰지 않고도 살 수 있는 세상이 있다면 그곳은 좋은 세상이다. 잔인함, 끔찍함 또 온갖 부조리가 없는 세상은 치유해야 할 상처가 생기지 않는다. 자연히 시를 쓰지 않아도 되는 곳이기 때문이다. 니체는 "예술만이 끔찍한 혹은 부조리의 역겨움을 삶을 살게 할 표상으로 수정할 수 있다. 이 표상들은 끔찍함에 예술적 족쇄를 씌우는 숭고함이며, 부조리의 역겨움을 예술적으로 방출시키는 희극이다"라고 했다. 이 세상에 왜 시가 필요한지, 시인이 시를 써야 하는 이유를 알게 하는 대목이다.

5.

바다의 거울을 들여다보면 낮과 밤의 얼굴이 달랐다. 낮에 얼굴은 사랑하기 전 숫 사자의 얼굴이었고 밤에 얼굴은 사랑하고 난 후 암사자의 얼굴이었다. 바다의 거울은 사랑의 얼굴만 보인다. 지금 당신도 바다의 거울에 비춰 보면 사랑하기 전인지 후인지 알 수 있다.

—「붉은 수염의 침대에서 자다·6—바다는 거울이다」 전문

'거울'의 상징적 의미는 오랜 세월 철학과 종교의 사유 대상으로 거울 보기 행위를 통한 자기의식 깨닫기이며, 반성적 자아를 만드는 것이다. 자기반성적 자아는 자기를 객관화하는 것이다. 나르시스의 경우 자기를 객관화하지 못한 데서 비극을 맞은 것으로 본다. 샘물이나 바다 역시 '자기 반사적'이라는 점에서 그 기능이 같다고 볼 수 있다.

거울인 바다 공간에는 해와 달, 별 그리고 비, 구름, 사자, 독수리가 등장한다. 해가 주행성이며 달과 별이 야행성인 이유가 나름의 당위성을 갖는다. 해는 외로운 늑대와 등가이지만, 달과 별 그리고 야간에 사냥하는 사자는 등가가 아니다. 그럼에 도 병렬적으로 등장한다. 달과 별은 사자의 발톱

에 '기억과 추억을 숨'겨둔 모종의 관계를 형성하고 있다. '기억과 추억'의 안전을 걱정하지 않아도 되는 상태이다. 달과 별은 나르시스처럼 날이 새도록 바다 거울에 취해 논다.

해는 열정의 상징이나 외로우며, 맹금류의 상징 독수리도 장막을 거둬내느라 피로에 빠지지만, 야행성 동물들은 활기를 얻는다. 동화 '해님 달님'에서 도 해는 씩씩한 사내아이 오빠이며, 달은 겁 많고 고운 여자아이 누이로 나온다. 김영진의 시 또한 동일한 콘셉트이지만 주제는 인과응보가 아니라 '사랑'으로 귀결된다는 점에서 시적 의미를 획득한다.

거울 보기를 통해 김영진이 드러내고 싶었던 점은 나르시스적인 비극성이 아니라, 사랑하는 삶과 사랑 없이 사는 삶을 대조시켜 보고자 한 것으로 보인다. 사랑의 대상이 에로스적이든 아가페적이든 그것은 중요치 않다. 사랑하며 사는 삶이다. 그것이 주체적인 삶을 사랑하는 일이다.

가만히 눈 감으니 산속으로 내가 들어가고 눈 뜨니 산이 내 속에 들어온다. 산에서 시선을 끌어들이는 것은 시리게 아프도록 베푸는 소나무 군락이었다. 군락지 찾아 산줄기 타는 길은 멀고 낯설지만 바람은 늘 나를 설레게 한다. 산에서 길 잃어 헤매는 실수도 삶이 따분하고 지루하지 않다는 것을 알았다.

산을 찾아가면 즐거워지는 건 신선하고 밝고 지칠 줄 모르는 동심 때문이다. 모든 선행은 용기의 사다리 타고 오르듯 도착해 소나무 뿌리 베고 누웠는데, 솔향 냄새 진하게 올라와 지팡이로 주위를 꾹꾹 찔러보다 뭉클 감촉이 왔다. 기회는 강력하듯 뿌리에서 복령을 캐내 미소 짓는데 익숙한 바람이 불어온다.

—「붉은 수염의 침대에서 자다·91—복령」 전문

화자가 자주 산에 가는 이유는 "신선하고 밝고 지칠 줄 모르는 동심" 때문이다. 산은 구획된 도시 혹은 규범적인 사회와는 대조되는 곳으로 거칠고 험함에도 무방비하고 무경계적인 유년식 사유를 풀어놓아도 저촉받지 않는 장소인 탓이다. 시인이 산속으로 들어가기도 하는가 하면 산이 시인의 마음속으로 들어올 정도로 경계가 없다. 실수가 용납되지 않는 사회, 지치고 따분해지기 쉬운 사회와는 달리 길을 잃어버리더라도 산에서는 지루함을 느낄 수 없다. 산을 헤매다 지치면 소나무 뿌리를 베고 눕기도 하고 그러다 뜻하지 않은 복을 얻기도 한다. 복령은 예부터 소나무의 신령스러운 기운이 땅속에 스며들어 생긴 것이라고 여겼다. 또 복령을 차고 다니면 모든 귀신과 재앙을 물리치는 부적 역할을 한다는 설도 있다.

전래 동화의 기본 모티프는 대부분 '권선징악'의 '인과응보'이다. 그 모티프가 김영진의 동화적 상상력의 힘이 발휘되는 대목이기도 하다. "모든 선행은 용기의 사다리 타고 오"른 다음에야 선행의 결과를 얻을 수 있다는 의식이다. 복령은 소나무의 신령한 것이기 때문에 아무에게나 보이지 않는다는 것으로 선행한 자, 좋은 일에 용기를 내는 자에게 주어지는 복이라고 여긴다.

고생하며 험한 산을 오른 대가로 복령을 얻는 것은 당연하다, 라고 하는 사고와 복령을 얻은 것은 어디까지나 선행이 있고 용기가 있었기 때문이라는 사유는 전혀 다른 것이다. 한 사람의 성품을 극적으로 보여주는 대목이라 할 수 있다. 김영진의 생의 철학과 가치관이 드러나는 대목이다.

> "오늘따라 울적해서 성취감을 느끼려고 뒷산으로 울적한 새를 보러 갔다//분주히 다니는 이름 모를 새들도 바라보았는데 울적한 새는 없어 보였다. 울적한 새 없는 것은 다른 새에게

잘 보이려 애쓰지 않는다는 걸 알았다. 저녁 붉어질 무렵 산에서 내려와 밥을 안치고, 빵을 굽고, 방 청소하는데, 나도 몰래 산에서 따라온 쑥새가 내 울적 물고 창문을 빠져나가는 것이다."

—「붉은 수염의 침대에서 자다· 14—울적한 새는 없다」 부분

"암벽의 골과 면마다 볼트와 하켄을 박아 인수봉 오른다. 이제는 만신창이 섬세한 아름다움에서 원형을 잃어버려, 자연의 비옥한 시간 갖고 싶다고 인수봉은 오늘도 운다."

—「붉은 수염의 침대에서 자다· 8—인수봉이 울다」 부분

김영진에게 산은 일종의 정화 적 성소 같다. 정신이 혼탁하거나 마음 울적할 때 산에 오른다. 사람의 세상에는 울적한 일이 많아도 자연은 울적하지 않다. 우는 새조차도 울적해서 우는 것은 아니다. 사람과 달리 새가 울적하지 않은 것은 "다른 새에게 잘 보이려 애쓰지 않기" 때문인데, 시인은 그 점을 포착한다. 내 생각과 달리 사람과의 관계는 언제나 공식이 있다. 일정한 거리를 유지해야 하며, 친절해야 하며, 때로는 마음에도 없는 치장으로 관계해야 한다. 화자는 그러한 사회에 적응하는 일이 반복될 때면 울적하다. 자신을 섬

세한 아름다움의 원형을 잃어버리고 만신창이가 되었다고 여긴다. 그때마다 자연에 비우고 자연을 채우고 싶은 마음으로 산을 오르는 것이라고 술회한다. 김영진의 시심에 흐트러지지 않은 동시, 동화적 상상력을 키워올 수 있었던 요건이라 하겠다.

2.

김영진의 의식에 관장하고 삶을 주관하는 정신적 존재가 있다. 어머니이다. 부재한 어머니는 시인의 일상, 삶, 마음에 수시로 현현하여 걱정하고 타이르고 애정을 쏟는다. 산이 장소적 성소라면 어머니는 정신의 성소인 셈이다. 산의 자연성에서 훼손되거나 상처 입은 동심을 치유하고 증강하여 순수하고 밝은 자아를 유지해 온 것이라면, 어머니의 사랑과 가르침을 기억하여 실존적 삶의 지침으로 삼고 세계와의 갈등을 해결하고 인생을 계획한다.

나는 오늘 일어난 이야기를 연결해 톱니바퀴로 째깍째깍 돌리고 싶은 밤이다. 투명시계 안에 있는 톱니바퀴가 할 이야기 많은 까마중 같은 밤을 끌고 왔다. 톱니바퀴 안에서 허둥거리다 우걱우걱 씹는 식탁에서 손목 투명시계를 풀었다.

언젠가 내가 밤중에 돌아왔는데 어머니는 보람있게 하루를 보냈냐고 물으셨다. 오늘은 유니세프 후원의 팔찌 찬 손목을 보여주려는데 어머니는 옆에 안 계셨고, 나는 투명시계 톱니바퀴를 붙잡고 백발의 주름 어머니를 목 놓아 부른다.

—「붉은 수염의 침대에서 자다·13—투명시계」 전문

신이 천상에 있는 존재라면 지상의 신은 어머니라 해야 옳을 것이다. 에리히 노이만은 태초의 어머니 여신은 남성성과 여성성을 모두 겸비한 생명의 원천 우로보스의 원형으로 존재했다고 본다. 가부장제의 역사가 남성 신만 존재하게 했으며, 노이만은 바로 남성 신 중심이 인류 문명의 불구성의 근원이라고 본다. 오늘날 우리 자신의 내면적 발달을 이해하기 위해서는 어머니 여신을 통해 여성성의 원형을 복원해야 한다는 의미로도 생각할 수 있다.

김영진이 그리워하는 어머니는 아버지이자 어머니의 모습이다. 실질적으로 시인에게 어머니는 노이만이 말한 우로보스의 원형을 갖춘 듯하다. 시인에게 "아버지는 반백 년 전

화장실에서 혈압으로 쓰러져 유명을 달리했습니다."(「붉은 수염의 침대에서 자다·99—편두통」) 정도의 구체적 언술을 통해서나 알 수 있다. 아버지의 부재는 반백 년 전으로 시인의 유소년기였을 것으로 추정된다. 시인에게 어머니는 문법의 아버지이자 자애의 어머니였던 셈이다.

"보람있게 하루를 보냈느냐"라고 하는 물음은 아버지의 문법이다. 어린아이는 아버지의 가르침과 지도를 통해서 사회를 알게 되고 성장하게 된다. 따라서 "유니세프 후원의 팔찌 찬 손목을 보여"줘야 하는 대상은 아버지이다.

그러나 시인에게 그런 대상은 아버지가 아니라 어머니이다. 그럼에도 장년의 시인은 어머니 이름 아래서 오래도록 미숙한 아이가 된다. 이미 오래전 우로보스가 제거된 사회를 학습했기 때문이다.

어머니는 앞마당 감나무가 늦봄쯤 누런 통꽃을 피우면 새 가족이 생겼다고 좋아하셨다. 어머니는 가지마다 다닥다닥 붙은 감꽃을 듬성듬성 똑똑 따내는데 내 딴엔 아까웠다. 그냥 놓아두면 감이 많이 열려 실컷 먹고 좋을 것인데 왜 따느냐 물으니 웃으신다.

어머니는 감꽃도 거리 두기 안 하면 영양부족으로 몸이 약해져 쓸만한 게 없다 하셨다. 태풍이 불면 다 떨어져 남는 게 없으니 어차피 떨어질 거 골라 미리 버리고 남아있는, 감을 우리와 겨울새에게 주는 것은 감나무가 자신을 위해 선택한 가족이라는 것이다.

—「붉은 수염의 침대에서 자다·47—감나무 가족」 전문

쥐가 제야의 종소리를 듣고 엉덩이를 발로 차니 졸던 흰 소가 벌떡 일어나 되새김질한다. 이것저것 티브이도 보고 신문도 보고 책도 보고 시도 읽다가 잠이 들었는데 꿈을 꾼다. 창문 밖을 내다보니 소나무는 나에게 고독을 즐기는 법을 스스로 받아들이라 한다.

힘들었던 기억 버리고 싶은 일들 그립고 아쉬운 추억에 고독의 매미가 달라붙어 있다. 내 머릿속에 삶이 남겨준 저 쓸모없는 쓰레기에서 쓸모를 찾으라고 소나무가 일러준다. 그 밤 흰 소가 등에 나를 태우고 어머니 산소에 갔는데 아무리 불러도 인기척이 없으셨다.

— 「붉은 수염의 침대에서 자다·5—쓸모없는 꿈」 전문

김영진에게 어머니의 문법은 현재가 아니라 유년의 것이

다. 그의 훼손되지 않은 동심이 장년의 나이에도 맑게 유지될 수 있는 것은 '그리움'이라는 시공간에 원형의 어머니를 담아 두었기에 가능한 일이다. 어린 김영진에게 감나무의 가족이 어떻게 탄생하는 것인지, 탄생한 가족을 어떻게 유지하는 것인지에 관한 이야기를 어머니는 동화적으로 가르쳤다. 어머니가 이야기꾼이었던 셈이다. 아버지의 사회를 가르치되 어머니의 언어로 이어진 담화는 어린 김영진에게 삶의 마찰에서 오는 갈등을 조정하고 위로받는 기능으로 작용한다.

꿈에 "소나무는 나에게 고독을 즐기는 법을 스스로 받아들이라"하고 "내 머릿속에 삶이 남겨준 저 쓸모없는 쓰레기에서 쓸모를 찾으라고 소나무가 일러"주는 것을 듣고도 '나'는 수긍하고 싶지 않다. 어머니의 산소에 가서 어머니의 말씀을 들어야만 수긍할 수 있을 듯하다. 그러나 어머니를 불러도 어머니는 대답이 없다. 시인은 어머니의 말을 듣지 못했으므로 소나무의 말에 수긍할 수 없다. 쓸모없는 꿈일 뿐이다.

3.

"살아있는 움직임을 끊임없이 볼 수 있고 주변에 맴도는 환영을 계속 경험할 수 있다면 그가 곧 시인이다."라고 니체는 규정한다. "진정한 시인에게 은유란 수사학적 어법이 아니라 개념의 대체물로서 실제로 어른거리는 영성이" 시인의 관점이라고 규정한다.

김영진 역시 수사적 어법이 앞서기 이전에 주변에 맴도는 환영을 경험하고 시적으로 대상화한다. 지적 깨달음이라든가, 장년이 된 어른 문법의 사유로 진술하지 않는다. 김영진에게 세계는 자기 삶의 경험치를 배경으로 삼을 뿐 아니라, 온전하지는 않지(우로보스가 제거된 사회를 학습 탓)만 어머니신 우로보스에게서 배운 삶의 지침을 내재화한다. 자연스레 어머니의 원형은 자연으로 확산하고 만물과 소통한다.

내가 매일 아침 부르는 굿노래는 시 창작의 귀를 열기 위해 재촉하는 의식이다. 연극은 보는 것이 아니라 듣는 것이어서 사막여우처럼 내 귀도 자라고 있었다. 사막의 모래가 흐르면 딱정벌레나 전갈의 소리를 듣고 사냥하는 여우를 존경했다. 아마도 사막여우가 인간의 글을 터득했으면 훌륭한 시인이 됐을지도 모를 일이다.

> 십이월 중순에 피를 뿌려 뼈를 갈아내듯 시상은 창밖에 눈송이처럼 흩날리고 있다. 무엇인가 잡힐 듯 말 듯 삼삼하게 아른거리는 머릿속에 실타래를 풀어내기 위해, 인생의 진짜 목적은 무엇일까 의문 부호 찍고 멍하니 허공에 지은 집 문을 여니, 아침에 부르는 굿노래는 잘 놀기 위해 무대를 마련하라는 재촉의 의미라고 적혀 있다.
>
> —「붉은 수염의 침대에서 자다·12—아침에 부르는 굿노래」 전문

김영진은 시공간을 넘나드는 일에 거침이 없다. 동화적 상상력이 만들어 낼 수 있는 경쾌함이다. 시인은 영성의 단계에 드는 이는 자신뿐 아니라 생명이 있는 존재면 무엇이든 집중도에 따라 얻게 된다는 관점이다. 차별성이 없다. 김영진의 훼손되지 않은 동심이 유감없이 발휘되는 상태라 할 수 있다. 사막여우도 훌륭한 시인이 될 수 있다는 사유는 세계에 대한 김영진의 수평적 세계관이 투영된 것이기 때문이다. 수평의 세계는 평등하며, 평등한 세계는 존재마다 부여받은 가치가 있기 마련이다.

"인생의 진짜 목적은 무엇일까 의문"을 놓지 않는 김영진을 시 쓰는 소년 철학자라 칭해도 미흡함이 없다.

너나 나나 사랑하고 사랑받도록 태어났네. 삶의 속도에서 사랑보다 큰 것은 없었네. 자연은 서두르지 않았는데 나만 서둘렀네. 어둑한 저편에서 늙은 여자가 내게 묻네. 몸에 맞지 않는 명령을 당신 신체에 내리신 적이 있었나요? 얼굴이 화끈거렸네.

—「붉은 수염의 침대에서 자다·32—삶의 속도에서」 부분

나는 내 자신에게 너무 엄격했으므로 구름모자 벗듯 이제 용서를 빈다. 매일 아침에 거울 볼 때마다 신체적으로 못생긴 얼굴의 단점만 보였다. 하루를 되돌아보면 쓸데없는 충동구매라든지 실수했던 일들만 떠올랐다. 그저 그런 일상 속에서 아무 잘못도 하지 않았는데 나를 다그치곤 했다.

그런데도 친구들은 나를 좋아하고 심지어 사랑을 퍼주기까지 해주었다. 밤하늘의 빛이 온몸을 적셔주는 반짝 별 보면 경이로운 행복을 느낀다. 저 별들은 내게 무슨 의미로 다가오는지 거룩한 호기심의 질문 던진다. 행복은 가끔 내가 열어둔 걸 잊었던 문으로 슬그머니 들어오는 것이다.

—「붉은 수염의 침대에서 자다·87—행복」 전문

만약 시인이 시를 쓰지 않았더라면 자기성찰을 어떤 방식으로 했을지, 무엇에 자신을 비추어 자기반성을 이루어 갔을

지 궁금하지 않을 수 없다. 시가 김영진의 거울이기 때문이다. 철학의 '거울 보기 행위'가 인간으로 하여금 지금과 같은 자의식적 존재가 되도록 하는 데 결정적으로 공헌했다고 본다. 김영진의 시의 거울이 김영진을 삶의 철학으로 이끌어 가고 있다는 말이다.

"자연은 서두르지 않았는데 나만 서둘렀" 다" 는 자의식이 그간의 삶을 뒤돌아보게 한다. "어둑한 저편에서 늙은 여자가", "몸에 맞지 않는 명령을 당신 신체에 내리신 적이 있었"는 지, 라고 묻는, 선문답 같은 자의적 질문 앞에 스스로 반성하는 태도가 김영진식의 철학 하기이다.

자신에게 너무 엄격했다고 의식하는 화자, 자신을 다 그치곤 했다는 화자는 일상의 아주 작은 것에서 충족하고 행복을 느낀다. 못생겼다고 생각하는 자신을 친구들은 좋아하고 사랑을 퍼주기까지 했다. 밤하늘의 별만 보아도 경이로움에 빠진다. 그 별들이 내게 무슨 의미로 다가오는지 의문에 들 때면 거룩함까지 든다. 낮은 사람의 자세를 견지하는 시인의 품성이 여실히 드러나는 대목이다.

시 쓰는 소년 철학자는 "내가 좋아하고 잘할 수 있는 것을 찾아야 한다는 소리가 들린다. 그리고 거기에 온 힘을 다하라는 소리도 들린다"(「붉은 수염의 침대에서 자다·31—전등사의 목백일홍」)라고 어머니에게 배운 문법으로 자기화한다. 어떻게 살 것인가, 어떻게 살아야 하는가에 대한 답을 자신을 둘러싸고 있는 일상의 작은 것들에서 얻는다.

나는 네가 나를 자세히 바라보고 꽃이란 가문의 서자 취급해 주는 걸 당연하게 믿었다. 네가 나를 밟고 지나갈 때 내 기분이 좋지 않고 슬픈 표정 본 적이 있을 리가 만무했다. 내가 투덜거려 너의 하루를 망쳐버리면 안 된다는 걸 안 것은 오랜 관습처럼 내려왔다.

어느 날 소가 내 옆에 똥을 한 무더기 싸놓고 지린내 나는 오줌도 싹 비우고 갔다. 잡초는 코를 막으며 미간을 찌푸릴 때도 나는 이상하게 소똥 냄새가 구수해 좋았다. 어디선가 풍풍 소리를 내며 소똥구리가 무리 지어 내려와 경단을 빚어 굴려 갔다.

세상의 친구를 만나려면 내가 먼저 손 내밀어 선물 보여주어야 한다는 걸 알았다

—「붉은 수염의 침대에서 자다 11—이름 모를 풀꽃의 세상 이야기」 전문

어느 존재든 존재해야 할 당위성이 있다. 그러므로 존재의 가치는 존재하는 것 그 자체이다. 풀꽃은 꽃이라기보다 풀에 가깝다. 그럼에도 풀꽃이다. "꽃이란 가문의 서자"쯤이라 할지라도 존재임에는 틀림없는 것이다. 김영진의 화자는 하나같이 주변부이며, 일상적이고 작은 것들이다. 시인이 그것들에 다가가거나 반대로 시인에게 와서 시인을 대리하는 화자가 된다.

김영진의 존재들은 존재 이상이 되려고 하지 않는다. 과욕, 탐욕, 과시, 과장이 없다. 시인의 성품을 반영하는 것이라 할 수 있다. "잡초는 코를 막으며 미간을 찌푸릴 때도 나는 이상하게 소똥 냄새가 구수해 좋았다."처럼 자신의 품을 먼저 내어줄 줄 아는 성품이다. 권정생 선생의 동화 『강아지똥』을 연상할 만큼 독자의 마음이 훈훈해지는 대목이다. 풀꽃의 존재를 통해 시 쓰는 소년 철학자는 "세상의 친구를 만나려면 내가 먼저 손 내밀어 선물 보여주어야 한다는 걸 알았다"라는 것이다.

김영진의 시 정신은 니체가 말한 '어린아이'의 단계에 가까이 다가갔다고 보아도 무방할 정도이다. 삶의 가장 기본적인 전제는 관습과 규범의 세계에 우리가 존재해야 한다는 점으로 우리 마음대로 바꿀 수 없는 데서 삶의 고충이 생긴다. 이러한 규범을 잘 견디는 단계를 지나 기존의 규범을 부정하고 자신의 규범을 세우는 단계를 지나면 '있는 그대로의 나'로 만나는 인간 정신의 마지막 단계라 할 수 있다. 그때는 기존의 규범이나 타인에게 순종하는 것이 아니라 있는 그대로의 자신을 받아들이고 세상을 향한 관점이 자유로워진다.

"대추나무 새 친구를 사귈 때도 완벽한 나무는 없다는 것을 잊지 않았다.", "약 치며 결점 없는 친구 기대한다면 결코 친구를 만들 수 없다고 생각했다.", "대추나무 친구에게 한 잔 주는 것을 왜 진작 생각하지 못했을까?"(「붉은 수염의 침대에서 자다·75—분명해질 때」)처럼 완벽한 나무는 없다는 것을 잊지 않은 것이나, 결점 없는 친구를 기대한다면 친구는 존재하지 않을 것이라는 점, 규범을 벗고 먼저 다가갈 생각을 하지 못했다는 뒤늦은 자문에서 사물 사이의 넘나듦에 경계를 두지 않았음을 보여준다.

"찬 바람 불어와 사과나무는 똑바로 사는 게 어떻게 사는 것인지 사색을 한다. 박새들이 사과를 쪼아 파먹고는 진실하게 아름답게 보람있게 살라며 속삭였다. 시인처럼 사색하고 나무처럼 일해야지 하며 무릎을 치자 박새들이 물개박수를 친다."(「붉은 수염의 침대에서 자다·58—사과나무의 철학」)

이미 세상 삶에 대한 답을 구한 김영진의 시는 사자의 단계와 어린아이의 단계를 넘나들고 있음을 보여준다. 시 쓰는 소년 철학자 김영진의 시에서 '어린아이'를 만날 날이 머지 않았음을 감지한다.